Julia Schuricht

Maitreya

Die sieben Lektionen der Liebe

Smaragd Verlag

Über die Autorin

Julia Schuricht, Jahrgang 1973, arbeitet in eigener Praxis als Heilpraktikerin für Osteopathie und energetisches Heilen. Nach langjährigen intensiven Ausbildungen entwickelte Sie ihre eigene integrative Behandlungsmethode in enger Zusammenarbeit mit Maitreya und der Geistigen Welt, die Kumeale Therapie, die den Mensch in seine Ganzheit zurück führen soll.

Neben der Arbeit als Heilpraktikerin leitet sie Workshops über energetisches Heilen und Meditationsabende. Seminare zu den „Sieben Lektionen der Liebe“ sind in Vorbereitung.

Seid ihrer Kindheit wurde sie von einer liebenden Präsenz begleitet, die sich 1997 als Maitreya bei ihr vorstellte und ihre Herzöffnung einleitete.

Seitdem veränderte sich Ihr Leben grundlegend. Sie beendete ihr Lehramtsstudium und wechselte in den Heilberuf.

Julia Schuricht lebt in Bayern und ist Mutter von zwei Kindern.

www.lektionenderliebe.de
www.naturheilpraxisschuricht.de

Danksagung

Mein Dank richtet sich an alle, die dabei geholfen haben, dieses Buch entstehen zu lassen, und somit natürlich an erster Stelle an Maitreya, der mich stets liebevoll, manchmal eindringlicher, doch nie fordernd begleitet und mir dabei geholfen hat, mit und durch dieses Buch zu wachsen.

Er war und ist mir Führer und liebevoller väterlicher Begleiter. Stets präsent. Stets liebevoll. Niemals wertend oder tadelnd.

Des weiteren möchte ich mich bei meiner Familie bedanken: Meiner Mutter, meiner Schwester Uli, meinem Bruder Stefan, meiner Schwägerin Christine, Ulf und allen anderen, die mir den Rücken gestärkt und freigehalten und auch einmal Stolper- oder Prüfstein für meine eigene Liebesfähigkeit gewesen sind. Ich liebe euch.

Ich danke meinen Kindern, den Sonnen meines Kosmos, die mich gelehrt haben, was bedingungslose Hingabe und Liebe ist, und die mir Lektionen der Leichtigkeit im täglichen Miteinander überbringen.

Danke an Anja für deine Freundschaft, die alles übersteht.

Danke Mischa für die vielen Stunden des Tippens und alles andere, was du beigetragen hast.

Danke an Amael, Amari, Nanuk, Elke, Mirabe und Maitri. Für euer Sein und eure Integrität, selbst in schwierigen Umständen.

Mein ganz besonderer Dank richtet sich an Elisa, Freundin und Begleiterin. Danke für die Tage des Tippens, Zuhörens, Mitarbeitens und Teilens. Du warst immer da. Auch während ich diese Danksagung schreibe. Ohne dich wäre dieses Buch nie fertig geworden.

Ich danke euch allen.

In Liebe und Verbundenheit,
Julia

Widmung

Für meinen Vater
„Omnia vincit amor"

Du wirst immer in meinem Herzen sein.

Vorwort von Elisa Scharf

Anfang 2008 sagte ich zu Julia, die ich als meine Therapeutin und Lehrerin kennen lernte und im Laufe der Jahre meine Freundin wurde, dass ich aus unerfindlichen Gründen den Impuls hätte, sie daran zu erinnern, dass sie etwas zu tun hätte. Ich wusste nicht, was dieses „Etwas" war. Doch der Impuls war so eindringlich, dass ich zu ihr ging, um ihr dieses mitzuteilen.

Sie wirkte erst überrascht und meinte dann, dass es vielleicht das Fortsetzen eines Manuskriptes sei, dass sie begonnen, aber wieder zur Seite gelegt habe, sie aber nicht mehr wisse, wo sie die Seiten hingelegt habe. Sofort „sah" ich den Ort, an dem das Manuskript sich befand. Hinter einem Regal in ihrem Gästezimmer, und tatsächlich fand sie es dort. Am selben Tag setze sie die Arbeit daran fort. Es waren „Die sieben Lektionen der Liebe", und dieses Ereignis war das erste von sehr, sehr vielen Ereignissen, die noch folgen sollten, und das mir demonstrierte, wie sehr wir geführt werden, wenn wir uns auf den Weg des Herzens begeben und dass es dort keine Zufälle gibt.

In der darauffolgenden Zeit wurde ich Begleiterin, Beobachterin und Beteiligte im Prozess der Entstehung dieses Buches.

Diese Zeit war nicht nur leicht. Sie war begleitet von tiefgreifenden Veränderungen in wohl jedem Aspekt meines Seins. Die sieben Lektionen zu leben bedeutete für mich, alles aufzugeben und zu empfangen, nicht nur, was meine Überzeugungen, Muster, mein „Ego“ und meinen menschlichen Willen betraf, nein, es fand und findet eine wahrhafte Transformation in meinem energetischen, seelischen und körperlichen Sein statt. Die Erfahrung der Energie und Botschaft Maitreyas, übermittelt und nahegebracht durch meine „Master J“, kann ich als Wendepunkt meines Lebens bezeichnen. Ich durfte Julia beobachten, wie sie immer den ersten Schritt tat, und sie begleitete mich als wahrhaft meisterlicher Lehrer. Parallel zur Entstehung des Buches verbrachten wir viele Stunden mit der Vertiefung der Lektionen, und es offenbarten sich immer noch größere Zusammenhänge und weitere Ebenen des Verstehens. Seit ich den einen Schritt der Hingabe an den Weg des Herzens gegangen bin, erlebe ich, dass es trotz der Schwierigkeiten, die einem im Leben begegnen können, immer einen Kompass gibt, der den nächsten Schritt weist und Führung und Geborgenheit in einem Ausmaß angedeihen lässt, die ich mir nie hätte träumen lassen.

Dieser Kompass ist mein Herz.

Und so wünsche ich den Leserinnen und Lesern dieses Buches, dass es auch für sie der Schlüssel zu ihrer Herzpforte wird und ein Leitfaden für das Sein in Liebe.

In Verbundenheit und Dankbarkeit,
Elisa Scharf

Im März 2010

Vorwort der Autorin

Liebe Leserinnen und Leser,

dies ist ein universelles Buch, denn es beschreibt den Aufstiegsweg, den Maitreya den "Weg des Herzens" nennt, und es ist gleichzeitig eine Anleitung dazu. Es ist aber auch ein sehr persönliches Buch, da es über einen Zeitraum von zwei Jahren mein Leben begleitete und prägte, in einer Weise, die sich nur schwer in Worte fassen lässt. Ich durfte und musste die Lektionen der Liebe leben, und im Zuge der Zeit veränderte sich dadurch mein gesamtes Weltbild, und viele „Weisheiten" der alten Schriften erhielten eine gänzlich andere Bedeutung für mich. Ich begann nach und nach, sie wirklich zu verstehen, da ich lernte, sie im Herzen zu erfassen und zu erkennen.

Herz, Licht, Liebe, Erleuchtung,
Wahrhaftigkeit, Wahrheit.

Große Worte, die allzu leichtfertig verwendet werden. Sehr viele Menschen wissen nicht, was es heißt, ins Herz zu gehen, und dass es wörtlich zu nehmen ist. Mein persönliches Anliegen ist es zu zeigen, dass dies kein verschwommener Begriff ist, der einfach einen liebevollen Umgang meint, sondern dass das Herz oder Herzzentrum ein Ort ist, von dem aus man seine Realität erschaffen kann. Von dort aus erhalten die Dinge und „Wahrheiten", die man für gegeben hält, eine andere Gestalt und Farbe. Sie sind. Und sie verlieren ihre Polarität von Gut und

Böse, Richtig oder Falsch. Denn das Herz ist der Ort in uns, der jenseits aller Wertungen existiert. Es ist der Ort, der uns mit der Heimat im Ursprung allen Seins verbindet.

In diesen Zeiten des Umbruchs und des Chaos vor der Neuordnung verlieren immer mehr Menschen den Boden unter den Füßen. Sie verlieren ihren Halt. Die Welt scheint sich aufzulösen. Und tatsächlich weicht sie einer anderen Welt, die von uns allen mit geboren werden möchte. Doch zuvor wird alles, was nicht im Einklang ist, mit den höheren Schwingungen von Liebe und Bewusstheit gereinigt und transformiert. Und das entspricht in jeder Beziehung den Anstrengungen einer tatsächlichen Geburt.

Außerhalb der Welt des Herzens, außerhalb dieses Ortes, herrscht tatsächlich das Chaos. Und so ist es unerlässlich, den Gang in die Mitte anzutreten. Denn von dort aus wird man in die Lage versetzt, unterscheiden zu lernen zwischen dem Außen und dem eigenen Sein. Tatsächlich Herr und Herrin über die eigenen Triebe, Wünsche und Muster zu werden, die einen selbst und die Menschen, mit denen man sich umgibt, oft plagen. So lange, bis man diesen Ort vergrößert und mehr und mehr Alles-was-ist in das eigene Sein integriert hat.

„Jeder erschafft seine Realität" gewinnt hier eine neue Bedeutung. Denn tatsächlich ist das, wie wir die Welt sehen und erleben, Ergebnis all unserer Projektionen und Glaubenssätze. Und so kann jemand, der in seinem Herzen ist, einen Sturm erleben und ihn fast nicht bemerken, während sein Nachbar durch die Luft gewirbelt wird.

Es bedarf einer bewussten Entscheidung, die alten Wege zu verlassen. Die Opferhaltung aufzugeben und Verantwortung zu übernehmen für ALLES, was einem in eigenen Leben begegnet. Dies ist tatsächlich nur ein Schritt. Und er ist einfach. Doch was folgt, ist ein Weg.

Und wer denkt, der Weg des Herzens sei einfach oder es sei einfach, alle Lasten des Lebens auf der Erde durch einige positive Affirmationen oder die Änderung einer Einstellung „abzulegen", der irrt und wird enttäuscht werden. Denn niemand hat je behauptet, dass es einfach wäre.

Alles, was uns als Menschen an diesen Punkt in der Entwicklung der Menschheit gebracht hat, drängt nun an die Oberfläche. Wir werden damit konfrontiert. In und um uns herum. Und brauchte es Jahre und Jahrzehnte, um so viel Bewusstheit in einem Teil der Menschheit zu wecken, dass einige wenige begannen, die Schleier der Illusion zu lüften und das enge Korsett, in dem wir uns seit so langer Zeit befinden, zu lockern, so geschieht nun alles in einer Geschwindigkeit, die uns kaum atmen lässt. Denn alles erfährt eine Beschleunigung, je näher wir uns zu dieser „neuen Welt" hinbewegen. Und die Zeit, die vor einigen Jahren noch damit verbracht werden konnte, die Augen vor dieser Entwicklung zu verschließen, läuft spürbar ab.

Und so brauchte es die Jahre, in denen die Geistige Welt uns mit der Botschaft öffnete, dass wir unendlich geliebt werden, und dies in sehr sanfter Weise geschah, damit wir beginnen konnten aufzuwachen und uns umzusehen. Doch nun ist es an der Zeit, wahrhaft Verantwortung zu übernehmen, und der Ton ist ernsthafter geworden, denn wir werden nun erwachsen und legen die Kinderschuhe der Menschheit ab. Nun geht es darum, auch die „dunklen“ Seiten des Menschseins und die „harten“ Wahrheiten zu belichten und ins Herz zu nehmen. Und letzten Endes ist das Wort „Hilf dir selbst, dann hilf dir Gott“ oder auch „Liebe dich selbst, damit du Liebe empfangen kannst“ der Schlüssel zur Erkenntnis der eigenen Göttlichkeit. Denn es ist nicht alles schön, was wir nun entdecken, und es braucht die feste Verankerung im eigenen Herzen und in der Liebe, damit die Enthüllungen in diesen Zeiten nicht zum Aufbau von neuem Karma, Mangel und Minderwertigkeit führen, sondern endlich in Liebe erlöst werden.

Denn das Kämpfen ist zu Ende.

Dies ist die Botschaft von Maitreya, der Zeit meines Lebens mein Begleiter war und mich lange Jahre auf das Schreiben dieses Buches vorbereitete. Er führte mich zu dem Wissen, das ich brauchte, zu den Meditationsübungen, den Menschen und Ereignissen, die für mich eine Vorbereitung für diesen einen Schritt waren: den Schritt in mein Herz.

Seitdem hat sich alles verändert. Ich wünsche mir, dass er dich mit seiner Botschaft erreicht und berührt, wie er mich berührte und dass es uns als Menschen gelingt, gemeinsam Welten der Liebe entstehen zu lassen, damit die Vision einer besseren Welt, einer bewussten Welt, einer befreiten Welt, Wirklichkeit wird.

Und nun übergebe ich an Maitreya, der selbst einige Worte dazu sagen möchte, wer er ist und warum er hier ist. Bei uns. In diesen Zeiten.

In Liebe und Verbundenheit,
Julia Schuricht

Im März 2010

Maitreya stellt sich vor

Geliebte Wesen!

Amra nuber assai.
Ich bin Maitreya.

Wollt ihr ermessen, was ich bin, so sucht nicht nach Etiketten bei einer Energie wie der meinen. Denn was ich bin, könnt ihr nicht mit Worten erfassen. Ihr könnt es nur im Herzen erahnen .

Ich bin Maitreya, die Energie der reinen Liebe, und ich existiere überall und nirgends zugleich.

Ich bin jenseits der Dualität eures Seins. Und so durchzieht mein Sein die Welten und Ebenen der Schöpfung.

Ich bin der Strahl, der die Rose berührt, kurz bevor der Tag beginnt und ihre Blütenblätter in rosafarbenes Licht taucht. Ich bin der sanfte Ton, der dein Herz in den stillen Momenten deines Seins öffnet. Ich bin die feste Hand im Rücken, die dich aufrecht hält, wenn der Sturm um dich herum anhebt. Ich bringe die Erinnerung an deine Herkunft im Mittelpunkt des kosmischen Herzens. Ich überlichte den Weg des Herzens für alle, die ihn gehen. Ich bin reine Liebe. Ich bin die Weisheit und das Lachen des Herzens. Ich bin die Ernsthaftigkeit und das Schweigen des Herzens. Dein Bruder, deine Schwester.

Ich bin Maitreya.

Ich bin der Sturm, der die Welt der Illusion und den Orkan der Liebe erzittern lässt. Ich bin sanft und gewaltig zugleich.

Amra nuber assai.

Ich bin das Licht, das die Dunkelheit durchdringt und zu ihrem Ursprung zurückkehrt. Das bin ich. Und doch ist auch dies nur eine Beschreibung, eine Facette meines Seins.

Ich bin ein Ton, der sich durch die Schöpfung zieht und alles miteinander verbindet. Alles berührt. Auf dass es sich wandelt.

So lass dich berühren, geliebter Bruder, geliebte Schwester, und folge mir dorthin, wo du dich erkennen wirst, dorthin, wo du auch mich erkennen wirst.

In deine Heimat. Dein Herz. Und werde ein Anker der Liebe auf dieser Welt.

Dies hier ist mein Wort. Ich übergebe es dir als Schlüssel zur Erkenntnis deines Seins. Ich übergebe es dir als Schlüssel zur Befreiung deines Seins. Und ich richte es an dich in unendlicher Liebe, auf dass du dich in Liebe wandelst.

Und so lasst uns beginnen mit den sieben Lektionen der Liebe.

Amra nuber assai.

Ich bin Maitreya

Kapitel 1

Ich bin Maitreya.

Ich bin gekommen, um euch einen Weg zu zeigen.

Einen Weg – euren Weg zu Gott. Zurück nach Hause. Ich bin die Inkarnation der Liebe, und Liebe ist es, die mich mit euch verbindet. Mit jedem Einzelnen von euch. Denn ich kenne euch alle seit Anbeginn der Zeit, und ich habe euch versprochen, in dieser Zeit zu euch zu kommen und ein Leuchtfeuer zu entzünden.

In denen, die mich rufen, und in denen, die Augen haben, zu sehen.

Denn ich bin der Christus. Ich wohne in eurem Herzen und bringe euch die ewige Flamme, die es braucht, um das Dunkel zu erhellen.

Ich bin gekommen, um Frieden zu unterstützen. In euch und auf dieser Welt. Damit wir den Weg weitergehen können.

Zurück zum Vater und zu unserer Mutter.
Zurück zur Quelle, die Liebe ist.

Keiner von euch kann ermessen, wie die Welt aussehen wird, in der ihr leben möchtet. Keiner kann das. Und doch habt ihr den Schritt hinüber schon lange getan. In eurer künftigen Welt wird es viele Dinge nicht mehr geben. Dinge, an die ihr jetzt noch sehr gebunden seid.

Und es wird vieles geben, was ihr euch jetzt noch nicht vorstellen könnt. Es wird das Zeitalter der Erfindungen aus einem neuen Bewusstsein heraus sein.

Ihr denkt daran als das Goldene Zeitalter, und das ist wahr. Aber ich sage euch, es wird erst der Anfang sein - denn dieses Goldene Zeitalter wird der Beginn einer neuen Schwingung, eines neuen Lebens und einer neuen Art sein. Der einzigen, die für den Vater und die Mutter zählt.

Die Grundlage ist die Liebe.

Sie ist der Anfang und das Ende. Das Alpha und das Omega von allem, was war, ist und je sein wird.

Und wenn ihr dies versteht, wenn ihr dies umarmen könnt, dann braucht ihr nichts mehr zu verstehen.

Ich werde euch dabei helfen. Ich werde euch sieben Lektionen der Liebe geben, denn siebenfach ist ihre Natur. So lasst uns heute mit der ersten beginnen.

Die erste Lektion der Liebe lautet

Treue

Treue ist nicht das, was ihr darunter versteht. Eure Form der Treue ist eine Erinnerung an die wahre Treue in der Schöpfung und funktioniert so, wie ihr sie versucht zu leben, sehr selten. Dies führt zur Abspaltung von Energien in euren Feldern, die beginnen, ein eigenes Leben zu führen. Doch dazu später mehr.

Nun, was ist wahre Treue?

Wahre Treue bedeutet, niemals, ich wiederhole niemals, aus dem Zustand der Gnade zu treten. Der Zustand der Gnade ist euer ursprünglicher Seinszustand, in dem ihr erhaltet, was auch immer ihr erschaffen möchtet, da die einzige Motivation für eure Schöpfung die der Freude und die der göttlichen Neugier ist. Im Zustand der Gnade seid ihr auf der gleichen „Frequenz" wie die ursprünglichen Schöpferenergien.

Die Herren der Schöpfung[1]. Ihre Zahl ist ebenfalls die sieben.

Sobald ihr aber einen Schritt nach links oder rechts, hinaus aus dem Zustand der Gnade macht, verlasst ihr diese „Frequenz". Ihr werdet „untreu", denn ihr verlasst euch selbst.

---

1 Gremium, das noch über dem Karmischen Rat steht.

Lasst mich das genauer erklären.

Euer Wort „Treue“ kommt von Vertrauen, und das beinhaltet das Wissen, dass Alles-was-ist genauso ist, wie es sein soll: wertfrei. Weder schwarz, noch weiß. Im Zustand der Gnade wisst ihr das, denn ihr seid direkt mit der göttlichen Urquelle verbunden, und ihr seid euch dieser Verbindung voll bewusst.

Nun inkarniert ihr aber in der Dritten Energiedichtedimension, und das beinhaltet den Verlust dieses Bewusstseins. Dennoch befindet ihr euch immer noch im Zustand der Gnade. Immer noch wird sofort erschaffen, was auch immer ihr wollt. Das Vergessen löst jedoch einen gewissen „Verbindungsfehler“ aus, und ehe ihr euch verseht, habt ihr euch aus eurer Mitte bewegt und lasst euch von niedrigen Frequenzen „beschallen“. Ihr tretet aus dem direkten Schöpfungsstrahl hinaus und werdet „untreu“. Die Manifestationen auf eurer Ebene sind tatsächlich Untreue, Verrat, Missbrauch und vieles mehr, was Brüder und Schwestern sich antun, weil sie vergessen haben, wer und was sie sind, und sich auf einen Tanz mit niederen Frequenzen eingelassen haben. Untreue zu euch selbst ist das Heraustreten aus der Einheit und das Gefühl des Getrenntseins.

Ihr kennt in eurem Verständnis Begriffe wie „jemandem untreu sein“ oder „seinen Prinzipien untreu werden“, aber wenn ihr zurücktretet in den göttlichen Schöpfungsstrahl, hört all das auf, zu existieren.

Treu sein bedeutet, in der Liebe zu bleiben. Und ihr habt daraus ein „dem Partner treu bleiben“ gemacht.

Wenn ihr in der Liebe bleibt und in einer Partnerschaft seid, ist Untreue ausgeschlossen,denn der von euch gewählte Partner repräsentiert euer göttliches Gegenstück, und jeder von euch wird in Gott genau einmal gespiegelt.

Wenn ihr euch der Heiligkeit eurer Partnerschaften wieder bewusst werdet, und glaubt mir, das werdet ihr, werdet ihr immer nur mit einer Person vereinigt sein können, und zwar mit derjenigen, die eurer jeweiligen Energie entspricht. Ein Zerstreuen eurer Energie, indem ihr euch mehreren Partnern hingebt, führt wiederum zur Abspaltung und Trennung in euren Energiefeldern, wodurch ihr euch weiter aus der Einheit entfernt.

Heilige Beziehungen repräsentieren die Vereinigung Gottes mit der göttlichen Mutter, und je mehr ihr in eurem Inneren näher in die Einheit geht, desto mehr werdet ihr die Wahrhaftigkeit dieser heiligen Verbindungen erleben und erfahren.

Treue ist ein unabdingbarer Bestandteil davon.

In der Liebe genießt ihr den vollkommenen Schutz der Schöpfung. Nichts kann euch geschehen, niemand euch etwas anhaben. Werdet ihr untreu und tretet aus der Liebe, die in eurem Herzen, in der Mitte eurer Brust sitzt, heraus, werdet ihr verletz- und angreifbar. Trennung entsteht, und mit ihr die Angst.

Angst ist einer eurer hervorragendsten Lehrmeister. Ihr Lieben, wenn ihr sehen könntet, wie perfekt abgestimmt für jeden Einzelnen von euch die Zeichen sind, die ihr von der Quelle erhaltet, ihr würdet diesem Gefühl eine andere Bedeutung beimessen und die Angst vor der Angst verlieren.

Angst zeigt euch, dass ihr in dem Moment, in dem sie in euch aufsteigt, ihren Weg durch eure Chakren nach oben sucht, um sich in eurem Kopf festzusetzen, nicht mehr in der Einheit der Liebe und somit in der Treue zu euch selbst seid.

Sie ist ein spirituelles Warnsystem, und würdet ihr sie als solches erkennen, würde es genügen, tief ein- und wieder auszuatmen und euch an den Ort zu begeben, der eine Abbildung eurer Herkunft ist: euer Herzzentrum.

Über euer Herzzentrum seid ihr verbunden mit dem Herzzentrum eures wunderbaren Planeten Gaia, und ihr seid verbunden mit dem Herzen eurer zentralen Sonne. Wärt ihr euch dieser Verbindung vollkommen bewusst, könntet ihr euch jederzeit erneuern und erfrischen, denn in diesen Zentren liegt der Schlüssel zu den Grundbausteinen eurer physischen Existenz.

Darüber hinaus könnt ihr die Verbindung zum Herzen der kosmischen Sonne herstellen, die wiederum mit dem Herz unseres Schöpfers, unseres Vaters und unserer Mutter, verbunden ist.

Denn alles ist eins und auf ewig miteinander verbunden und verwoben zu dem unendlichen und wunderschönen Teppich, der das Leben selbst ist.

Ich werde euch nun eine Übung geben, die euch helfen wird, die Treue und was sie wahrhaft bedeutet, zu erleben. Dazu ist es wichtig, dass ihr lernt, euer Herz zu öffnen, damit ihr die Liebe Gottes und der Göttin, die euch immer erreichen möchte, wahrhaftig empfangen könnt.

☆☆☆

Meditation

Geht in die Ruhe und atmet tief ein und aus.

Beruhigt eure Gedanken und konzentriert eure Aufmerksamkeit auf euer Herzzentrum in der Mitte eurer Brust.

Nehmt zunächst wahr, wie es sich dort anfühlt. Ob es eng oder weit ist, und erklärt eure Absicht, dieses Zentrum nun zu öffnen. Ihr könnt mit eurer Handfläche dreimal gegen den Uhrzeigersinn darübergehen mit der Absicht, euer Herzchakra zu öffnen. Wartet, bis ihr ein feines Kreisen, Ziehen oder Pulsieren hinter eurem Brustbein spürt, und beatmet diese Stelle mehrere Atemzüge lang. Nun geht mit eurem ganzen Sein in dieses Zentrum hinein.

Versucht, jegliche andere Körperwahrnehmung auszublenden, und fühlt, wie ihr die heiligen Hallen eures Herzens betretet.

Ihr werdet magnetisch von einem vielfarbigen Leuchten, direkt in der Mitte eures Herzens, angezogen. Geht auf dieses Leuchten zu, bis ihr es erkennt. Ihr steht nun vor eurer Blume des Lebens, die alle Geheimnisse des Lebens in sich birgt.

Seht ihr Strahlen, ihr Schillern, den Tanz der Farben in ihrem Inneren und nähert euch so lange, bis ihr eins wer-

det mit dieser Blume. Badet in ihrem Glanz und spürt, wie es ist, nach Hause zu kommen.

Ihr seid nun im Zentrum dieser Blume, die vielmehr wie ein strahlender Kristall ist und sich unablässig um euch herum dreht. Zunächst seht ihr Farben, kraftvoller und leuchtender, als ihr je welche gesehen habt, an euch vorüberziehen. Badet in ihnen so lange, bis ihr das Gefühl habt, vollkommen rein zu sein. Befreit von allen Lasten eures irdischen Daseins, und wenn ihr spürt, dass es so weit ist, schließt in dieser Blume, in der ihr euch befindet, die Augen.

Nun seid ihr im absoluten Zentrum des Seins.

An dem Ort, wo Gott und die Göttin ihre Schöpfungen ins Dasein träumen.

Atmet die Tiefe und die Stille dieses Ortes, der keiner ist, ein und lasst zu, dass er euer ganzes Sein durchdringt.

Hier in diesem Nichts, das alles enthält, stellt ihr nun die Frage:

„Wer bin ich?"

Stellt sie mit aller Inbrunst, die ihr aufbringen könnt, und ihr werdet eine Antwort erhalten.

Das ist ein Versprechen. Für manche wird diese Antwort ein Bild sein, für andere ein starkes Gefühl. Einige werden ein liebevolles Lachen hören, das euch sagen will: Du bist zu Hause. Du bist ein Teil von mir. Du bist nie etwas anderes gewesen. Du warst nie wirklich fort, nur in einem anderen Zimmer.

Was auch immer die Antwort sein wird, sie wird euer Herz erreichen und euch heilen. Umarmt sie und werdet eins mit ihr. Dann atmet noch einmal tief ein und aus und stellt die Frage:

„Was soll ich, als Innbild meines höchsten Seins, erschaffen?"

Wartet. Wieder werden die Antworten für jeden unterschiedlich sein. Wisset: Wenn euch ein tiefes Gefühl des Friedens und der Harmonie erfüllt, bedeutet es, dass es eure Aufgabe ist, diese Qualitäten hinauszutragen in die Welt, unabhängig davon, was ihr tut.

Wenn ihr das Gefühl habt, auch diese Antwort vollkommen umarmt zu haben, atmet erneut ein und aus und stellt die Frage:

„Was ist mein Hüter der Schwelle?
Was trennt mich noch von meiner vollkommenen Verkörperung der Liebe auf Erden?"

Wartet. Habt keine Angst. Die Antwort wird sehr schnell zu euch kommen. Nehmt sie voller Würde entgegen und erklärt eure Absicht, mit all eurer Kraft den Hüter der Schwelle zu überwinden und das, was euch zurückhält, loszulassen.

Dann atmet tief ein und aus und öffnet die Augen.

Begebt euch langsam wieder in euer Tagesbewusstsein und seid euch dessen gewiss, dass ihr von nun an Situationen und Menschen in euer Leben ziehen werdet, die euch bei eurem Weg hin zu dem, was ihr erschaffen möchtet, eurem innersten Herzenswunsch, eurer Ausdrucksform göttlicher Liebe, behilflich sein werden.

Denkt aber bitte bei allem, was ihr tut, daran, euch treu zu bleiben. Ihr wisst nun, wo der Ort ist, an dem ihr wahrhaft in eurer göttlichen Mitte seid. Bleibt dort und versucht, das Sein aus diesem Zentrum heraus immer mehr in euren Alltag zu integrieren.

Und seid dankbar für jeden Widerstand, der euch anfangs begegnen wird.

Es sind Erinnerungen an euren persönlichen Hüter der Schwelle, den zu überwinden ihr mit Leichtigkeit und Anmut meistern werdet.

Ich umarme euch mit all meiner Liebe und bin bei euch in diesen Tagen, in denen sich so viel Wandlung vollzieht.

Amra nuber assai.

Ich bin Maitreya.

☆☆☆☆☆

Kapitel 2

Seid gegrüßt, meine Lieben.
Ich bin Maitreya.

Die Liebe ist es, über die ich mit euch sprechen möchte und muss, denn sie ist eure erste und auch eure letzte Prüfung.

Sie ist der Grund eures Hierseins, und sie wird für jeden Einzelnen von euch der Schlüssel zum Tor in eure Freiheit sein.

Sie ist in der Mitte eures Kreises, den ihr auch Rad des Karmas nennt, und diese Mitte ist euer letztendliches Ziel. Nicht irgendwann in einer fernen Inkarnation. Nicht in einigen Jahren, wenn ihr alle eure Träume erfüllt und euch um eure alltäglichen Sorgen gekümmert habt.

Nein. Jetzt ist der Zeitpunkt.

Er ist jetzt da. Hört den Ruf der Liebe.

Folgt ihm und erlaubt ihm, euch zu befreien und somit die Wahrheit der Schöpfung und ihre Wahrhaftigkeit zu erleben.

Sieben Lektionen erteilt euch die Liebe, und sieben Stufen hat die Leiter, die ihr erklimmen müsst, um dort anzukommen, von wo ihr einst eure Reise begonnen habt.

Lasst mich nun von der zweiten Lektion der Liebe sprechen.

Die zweite Lektion der Liebe heißt

Annehmen und Akzeptieren

Die zweite Lektion ist wohl die schwerste für euch, die ihr in den Bedingungen der linearen Zeitabläufe gefangen zu sein scheint.

Ein jeder von euch bewegt sich wie eine Marionette an Fäden, die von euren Bedürfnissen, euren Ängsten und euren Mustern gezogen werden.

Ich habt euch im Laufe der Jahrtausende immer tiefer in diesem Netz verstrickt, und eure Verzweiflung und Ratlosigkeit haben viele Helfer auf den Plan gerufen, denn ihr scheint es kaum alleine hinaus aus diesem Labyrinth zu schaffen.

Es gab immer wieder Menschen, die ihre Verhaftungen so weit lösen konnten, dass die feineren Energien der Engel und Aufgestiegenen Meister sie erreichen konnten, und sie hinterließen euch wertvolle Botschaften.

Hinweise darauf, wie ihr den Weg zur Freiheit erlangen könnt. Denn Freiheit ist das oberste Ziel, ihr Lieben.

Ohne Freiheit könnt ihr nicht wahrhaftig die Liebe spüren, die die Schöpfung durchdringt.

Ohne Freiheit, selbst zu entscheiden, wohin ihr geht und wie ihr eurer Freude Ausdruck verleihen möchtet, zu sein, könnt ihr den einzigartigen Glanz eurer Essenz nicht durch die Weiten des Alles leuchten lassen.

Wisset:
Das ist eure Aufgabe.
Das Juwel, das ihr seid, zum Erstrahlen zu bringen und euren ureigenen Klang zur Synfonie der Schöpfung hinzuzufügen.

Der Schritt, den ihr tun müsst, um dorthin zu gelangen, zu der Freiheit des Seins, in der ihr das Ausmaß der Liebe werdet erkennen können, liegt im vollkommenen Anerkennen. Im Akzeptieren aller Dinge, so, wie sie sich euch darstellen.

Ihr habt dies oft gehört. Die Tragweite dessen, was dieses bedeutet, ist euch aber bislang entgangen.

Deswegen bitte ich euch eindringlich und von Herzen:
Lest aufmerksam und hört zu.

Lasst meine Worte tief in euer Sein sinken.

Akzeptanz.

Wahre Akzeptanz ist ein Akt von unermesslicher Liebe.

Denn wahrhaftig zu akzeptieren, was ist, bedeutet, es nicht verändern zu müssen.

Ich wiederhole:

Es nicht verändern zu müssen.

Spürt ihr den Widerstand, den diese Worte in euch auslösen? Und spürt ihr hinter dem Widerstand die Ruhe und den Frieden, nach denen ihr euch so sehr sehnt?

Legt die Waffen nieder, Krieger.
Streckt die Segel.
Legt euch hin und gebt auf. All das ist vorbei.
Das Kämpfen ist vorbei.
Ihr habt es lediglich noch nicht bemerkt.

Ich werde euch nun Schritt für Schritt durch die Lektionen der Akzeptanz und der Annahme aller Dinge führen, die der EINZIGE WEG zur wahrhaftigen Veränderung bedeutet.

Der EINZIGE WEG.

Der einzige Weg, den ihr noch nicht beschritten habt.

Er ist nicht breit und nicht ausgetrampelt, denn wenige auf diesem Planeten sind ihm vor euch gefolgt.

Meine geliebten Menschen. Ihr Kinder Gottes und der Göttin.

Macht die Augen auf und seht euch um. Seht über den Rand eurer kleinen Welt mit euren Nöten und seht das Leid, das in dieser – in eurer Welt herrscht.

Es ist so unermesslich groß. So unermesslich groß.

Heiler: Hast du genügend Hände, um all den Schmerz zu lindern?

Mutter: Hast du genug Kraft und Liebe, um den leidenden Kindern dieser Welt Halt und Geborgenheit zu geben?

Brüder und Schwestern: Habt ihr genug Ressourcen, um den Hunger der Welt zu stillen?

Die Antwort ist: Nein.

Und diese Antwort ist nicht die Wahrheit, ihr Lieben.

Die Wahrheit ist, dass ihr all dies besitzt, und noch vieles mehr.

Aber keiner von euch, keiner wird den Kampf gegen die Windmühlen gewinnen. Und keiner von euch wird den Kampf gegen sein eigenes Windrad gewinnen.

Denn jeder Kampf, den ihr beginnt, jeder ohne Ausnahme, ist ein Kampf gegen euch selbst. Ihr könnt ihn nur verlieren.

Denn alles ist eins. Einige von euch habe das bereits erkannt.

Und einige von euch sind daran verzweifelt. Was, wenn all das Kämpfen umsonst war? Wie soll sich je etwas ändern?

Ihr Lieben.
Alles wird sich verändern in dem Moment, in dem die Wahrheit der Liebe euren Blick auf die Dinge verändert.

In dem Moment, in dem ihr wahrhaftig erkennt, dass all euer verzweifeltes Kämpfen gegen die scheinbare Ungerechtigkeit, ja, sogar der Kampf um eure eigene Seele, vergebens ist und ihr schließlich aufgebt.

Ihr Lieben. Ich sage es euch noch einmal: Macht die Augen auf!

Rühren euch die Bilder der hungernden Menschen, die euch mit großen Augen aus euren Fernsehern ansehen, zu Tränen?

Wie weit würdet ihr gehen, um sie satt zu bekommen?

Macht euch bewusst, dass der Hunger in eurer Welt daher kommt, dass es zu viele Menschen gibt, die nicht genug bekommen können.

Dieser Hunger ist der Gegenpol zu eurem Überfluss.

Es kann nicht anders sein! Ihr lebt in der Welt der Dualität. Das eine kann ohne sein Gegenstück nicht existieren.

Und auch hier baut sich Widerstand in eurem Inneren auf. Die Teile von euch, die in eurer Art zu sein fest verwurzelt sind, haben große Angst davor, all dies wieder hergeben zu müssen.

Ihr Lieben.
Niemand muss etwas loslassen, das er nicht festhält, und der göttliche Plan sieht die Fülle für jeden Einzelnen von euch vor.

Doch bevor ihr dies wahrhaftig erkennen könnt, bevor ihr den Hunger und die Armut und die Schmerzen dieser Welt heilen könnt, müsst ihr euren eigenen Hunger, eure Armut und euren Schmerz heilen.

Dazu müsst ihr eure Augen öffnen und annehmen, was euch gehört.

Übernehmt die Verantwortung für euer Sein, euer Denken und Handeln.

Akzeptiert euch selbst so, wie ihr derzeit seid, denn alle eure vermeintlichen Fehler sind euch gegeben worden, damit euer Leidensdruck größer wird.

Der Druck, den es braucht, um einen Diamanten zu schaffen, ist unermesslich groß. Der Diamant, der in euch freigesetzt werden soll, braucht eben diesen Druck.

Ohne Druck überwindet ihr nur selten die Trägheit eurer lieb gewordenen Gewohnheiten.

Ohne Druck, der durch all die Verletzungen hervorgerufen wurde, die ihr erlitten habt, und der euch irgendwann verzweifelt auf eure Knie zwingt, würdet ihr nie aufgeben.

Und wahre Aufgabe bedeutet, dass ihr es anerkennt. Dass ihr wahrhaftig anerkennt, dass ihr Hilfe braucht.

Dass die Kontrolle, die ihr über euer Leben zu haben glaubtet, nur ein Festhalten all eurer Ängste war.

Es kommt für jeden von euch der Moment in eurem Leben, den wir den kritischen Punkt nennen.

Das ist der Moment kurz vor der Dämmerung. Wenn ihr mit dem, was ihr zu wissen glaubtet, am Ende seid und all eure Versuche, den Dingen die von euch gewünschte Wendung zu geben, gescheitert sind.

Das ist der Moment, in dem alle Wesen der spirituellen Hierarchie, die euch lieben, sich vor euch versammeln und darauf warten, ob sich der Druck in eurem Inneren den Weg zu euren Lippen bahnt und ihr mit jeder Faser eures Seins die Bitte aussprecht:

„Ich gebe auf, Vater, Mutter. Führ mich nach Hause."

Das ist der Moment, in dem sich alles in eurem Leben verändert, denn ihr erlaubt der Liebe Gottes und der Göttin, ordnend einzugreifen. Indem ihr den einzigen Widerstand hingebt, der euch von dieser Liebe getrennt hat: euch selbst.

Nun werdet ihr sagen: „Ich war so oft verzweifelt und habe die göttliche Führung um Hilfe gebeten, aber es hat sich nichts geändert. Alles wurde nur schlimmer."

Ihr Lieben. Wenn ihr um Hilfe bittet, so wird sie euch immer — ohne Ausnahme — zuteil. Oft ist es ein Zuspitzen der Situationen, das ihr benötigt, um gewisse Muster, die sich durch eure Existenz ziehen, tatsächlich zu erkennen.

Es ging niemals darum, dass Gott oder die Göttin eingreifen, um euer Leben zu verbessern.

Immer und zu allen Zeiten ging es darum, dass ihr die Gesetze der Schöpfung und die Regeln eures Spiels erkennt.

In und durch euer Handeln. Dass ihr euch der Liebe öffnet, die alles umwandelt.

Ihr leidet nicht, weil eure Leben so unerträglich wären. Ihr leidet auch nicht, weil ihr an der vollkommenen Daseinsgrenze vegetiert.

Ihr leidet, weil ihr euch wie ein Hamster in seinem Rad dreht. Immer schneller und schneller und schneller — und doch nie ankommt.

Was Gott und Göttin in dem Moment, in dem ihr euer Leben vollkommen und in der Liebe annehmt, indem ihr euren Kampf beendet, für euch tun ist, dass sie ihre Hand auf die Mitte des Rads legen, damit es stoppt.

Nun habt ihr die Möglichkeit zu erkennen, dass außerhalb dieses Rads eine ganze Welt voller Möglichkeiten liegt, die zu erkennen ihr noch nicht einmal begonnen habt.

Gott und Göttin sind der Innbegriff der Liebe, und sie würden niemals in euer Leben eingreifen, um es zu verändern.

Sie sind die Verkörperung aller Lektionen der Liebe und beinhalten das Annehmen und die Akzeptanz, dass ihr die freie Wahl habt zu leiden.

Ihr habt aber ebenso die freie Wahl, dieses Leiden in jedem Moment und zu jedem Zeitpunkt eures Lebens zu beenden und euch bedingungslos der Liebe in ihrer Grenzenlosigkeit zu öffnen.

Ihr Lieben. Ihr habt so viel dafür getan, euch zu ändern. Ihr „arbeitet" an euch. Ihr erkennt, dass ihr das Verhalten und die Gewohnheiten eurer Eltern und der Umgebung, die euch geprägt hat, übernommen habt.

Ihr entdeckt Verletzungen und Ängste aus vergangenen Leben, aus eurer Kindheit und vielleicht aus Inkarnationen auf anderen Planeten.

Was sollt ihr mit all dem tun?
Wo seid ihr in diesem Wirrwarr aus Gefühlen und Gedankenkonstruktionen?

Sobald ihr anfangt, das Rätsel, das ihr für euch seid, zu entwirren, führt euch das eine Muster zum nächsten, und ihr grabt tiefer. Entdeckt tiefere Schichten, verborgenere Ängste und versucht, sie zu entschlüsseln: Warum „besitze" ich diese oder jene Angst, und wie kann ich sie loswerden?

Ihr Lieben. Ihr werdet geehrt für eure Arbeit, aber so, wie ihr damit umzugehen pflegt, wird sie nie enden.

Ihr habt unzählige Inkarnationen auf diesem Planeten verbracht und ungezählte Ängste angehäuft. Jeder von euch besitzt die Büchse der Pandora, und sie vollkommen zu öffnen, setzt euch vollkommen der Kontrolle eures Emotionalkörpers aus.

Tatsächlich gibt es einige wenige Muster und Ängste, die zu erkennen für den Einzelnen wichtig sind, da sie euch zu euren „Schlüsselexistenzen" führen und euch etwas über den Grund eures Hierseins verraten. Aber ohne euch der Führung der Liebe in eurem Herzen anzuvertrauen, werdet ihr niemals die Meisterschaft über eure Muster erlangen.

Ihr Lieben. Die zweite Lektion der Liebe führt euch an den Punkt in eurem Leben, an dem es für euch in gewisser Hinsicht sehr einfach wird. In dem Moment, in dem ihr aufhört, an euch zu arbeiten, und akzeptiert, dass das Menschsein, so, wie ihr es kennt, gewisse „Baufehler" bedingt, und ihr akzeptiert, dass ihr Ängste und Muster besitzt, ohne eure Energie auf die Frage zu richten, woher sie kommen oder wie ihr sie bekämpfen könnt, und ihr in euer Herz geht, beginnt ein heiliger Prozess.

Ihr bekommt eine neue Blaupause. In dem Moment, in dem ihr in eurer Herz geht und euch mit dem göttlichen Sein verbindet, fangen eure Energiekörper, eure Chakren, ja, sogar eure Zellen an, darauf zu reagieren.

Die Rollen, die das Leben auf eurem Planeten zu verteilen hat – ihr habt sie alle gespielt.

Ihr wart Opfer und Täter, Jäger und Gejagter, König und Bettler, Hexe und Inquisitor.

Ihr habt diese Reise in unendlicher Liebe begonnen.

Geliebte Kinder Gottes und der Göttin. Aus Liebe zur Quelle, deren Wunsch es war, die Erfahrung dieser Reise zu ihrem Sein hinzuzufügen, seid ihr, Teile dieser Quelle, ein jeder von euch an diesen entfernten Ort gegangen. In die Dichte der Dritten Dimension, in der um euren Kern, der aus reiner göttlicher Liebe ersteht, Schichten um Schichten von Materie gelegt sind. So viele, dass man diesen Kern nicht mehr wahrnehmen kann.

Ihr wolltet beweisen, dass die Kraft der göttlichen Liebe in eurem Inneren so stark ist, dass sie ausreicht, um euch den Weg zurück selbst finden zu lassen. Die Gesetze der Schöpfung gelten überall.

Meine Lieben. Ihr seid ihnen unterworfen, bewusst und unbewusst, und ihr habt die Gesetze der Dichte unterschätzt. Ihr habt euch verfangen in den Gesetzen der Dualität und des Karmas.

Ihr seid eins geworden mit euren Rollen. Ihr habt aus einem Spiel der Energien eure Wahrheit gemacht. Ihr seid nun das Opfer. Ihr seid der Täter. Ihr identifiziert euch damit.

Geliebte Menschen. Diesen Weg, den ihr gegangen seid, nennen wir das Ausatmen der Quelle. Und wie bei eurem Ausatmen bedeutet das, sich vom Ursprung zu entfernen.

Es ist die Expansion der Schöpfung, in der alle Erfahrungen gemacht werden, alle Welten entstehen.

Nun hat die Quelle begonnen, wieder einzuatmen.

Ihr Lieben. Es ist an der Zeit, nach Hause zu gehen. Wir warten auf euch. Wir warten auf euch.

Die zunehmende Unterstützung, die ihr bei eurem Erwachen erfahrt, liegt an der zunehmenden Nähe zur Quelle. Oder vielmehr zum Zentrum der Quelle. Denn es existiert nichts außerhalb von ihr. In euren Begriffen von Zeit dauert dieses Einatmen 20 000 0000 Jahre. Das ist die Zeit, die es braucht, um den Weg durch die Dimensionen zurück zum Ursprung allen Seins zu gehen.

Aber eure Reise war befristet. Die Zeit ist um, und das bedeutet, dass ihr in unseren Begriffen von Zeit ein bisschen spät dran seid.

Sie liegt so schwer auf euren Schultern, die Dichte. Und dennoch gibt es den einen Weg, der euch bestimmt war vom Anbeginn eurer Zeit.

Den Weg der Liebe, der von innen heraus jede dieser Schichten der Dichte von euch fallen lässt.

Hört mir gut zu, geliebte Wesen. Engel, Sternenkinder, ein jeder von euch, die ihr dieses lest: Erinnert euch an euer Versprechen, jetzt in dieser Zeit das Feuer der Liebe in eurem Inneren zu entzünden.

Den ersten Schritt habt ihr bereits getan, und wisset: Ohne die Lektion der Treue könnt ihr den zweiten Schritt nicht tun.

Das Erste, was ihr annehmen müsst, ohne Wenn und Aber, ist eure göttliche Herkunft. Es ist kein Konzept, meine Lieben, keine Idee oder schöne Vorstellung.

Es ist die Wahrheit: Ihr seid in eurem Herzzentrum reine göttliche Liebe. Das ist eure Essenz. Der Same, aus dem euer Leben besteht. Jeder von euch. Ohne Ausnahme.

Und dieses anzunehmen bedeutet, die Wahrheit mit jeder Faser eures Seins zu spüren. Das ist euch nur möglich, wenn ihr euch in euer Herzzentrum begebt und die Tür zu eurer eigenen Göttlichkeit öffnet.

Es ist euer Geburtsrecht und euer Erbe, und es ist eure wahre Natur, die in diesem Spiel so perfekt verborgen wurde.

Und mit diesem Wissen werft erneut einen Blick auf euer Leben. Werft einen Blick zurück auf euren Weg. Seht eure Schmerzen und eure Verzweiflung. Seht eure Ängste und eure persönlichen Dämonen und ehrt sie.

Sie alle hatten nur eine Funktion: die Sehnsucht in eurem Inneren zu steigern. Die Sehnsucht, auf eine andere Art zu sein.

Ihr habt euch auf die Suche gemacht. Weil ihr es nicht besser wusstet, meine geliebten Kinder, habt ihr überall nach etwas oder jemandem gesucht, das das Nagende, die brennende Sehnsucht in eurem Inneren stillen sollte.

Es war die Sehnsucht nach eurem eigenen Zentrum, die euch vorangetrieben hat, und immer war das, wonach ihr suchtet, bei euch. Gut vor euch verborgen. In eurem Inneren wohnt die ganze Herrlichkeit Gottes und der Göttin. Es ist euer Zuhause, ihr Lieben. Ihr müsst nur lernen, es wieder zu bewohnen.

Ihr Lieben. Das Konzept, die Vorstellung, dass ihr göttlich in eurem Inneren seid, ist euch nicht neu, und ihr habt auch des öfteren gehört, dass ihr eure eigene Realität schafft. Ich werde euch nun offenbaren, warum dies tatsächlich ein Teil – und ich betone – ein Teil der Wahrheit ist.

Denn es ist wahr: Ihr habt die Macht, alles zu verändern. Ihr habt sie jedoch nicht, wenn ihr euch nicht vollkommen der göttlichen Schöpfungsgesetze- und prinzipien bewusst seid.

Ihr Lieben, ihr habt Teile der Wahrheit in euren Händen, und aus diesen Teilen der Wahrheit, die wahrhaft heilig ist, wurden Lifestyle-Ratgeber gemacht. Die Betonung des mentalen Prinzips in großen Teilen eurer Zivilisation führt viele Suchende von euch an den Punkt, an dem sie sagen: „Es funktioniert nicht. Ich habe meine Wünsche klar formuliert, habe positive Affirmationen verwendet, mich mental vollkommen gereinigt, und doch ist mein Leben leer. Es funktioniert nicht."

Ihr Lieben. Zunächst einmal: Nehmt eure Rolle in diesem Stadium eurer Entwicklung an. Erkennt, dass ihr einen göttlichen Kern habt, der aber erst in Verbindung mit Allem-was-ist zum wahren Mitschöpfer werden kann.

Akzeptiert, dass es einen Plan gibt. Für jeden von euch und für die Gesamtheit des Seins.

Und dieser Plan ist so allumfassend und voller Liebe, dass man es mit Worten nicht beschreiben kann. An diesem Plan habt ihr selbst als Teile Gottes und der Göttin mitgewirkt.

Durch das Vergessen auf dieser Ebene fehlt euch der direkte Zugang dazu, und ihr Lieben: Alle eure Versuche, diesen Plan zu schauen, sind vergebens. Es wäre die sofortige Verschmelzung mit der Urquelle allen Lebens.

Euer physischer Körper ist nicht in der Lage, diese Information auf einer bewussten Ebene aufzunehmen. Darum können alle eure Versuche, Fragen in der Art wie:

„Warum soll ich dieses oder jenes tun?" oder „Warum geschieht mir dieses oder jenes?" zu stellen, nie zufriedenstellend von euch beantwortet werden.

Seid euch bewusst, dass ALLES, was euch widerfährt, ein wohl platzierter Ton in der Synfonie der Schöpfung ist, für den es KEINEN linearen Auslöser gibt.

Ihr habt eure Konzepte von Mustern: „Weil ich dieses oder jenes Muster habe, geschieht mir dieses oder jenes immer wieder."

Ihr Lieben: Wenn ihr sehen könntet, was sich gerade vollzieht, welche Schönheit und Liebe dabei ist, sich vor euren Augen zu entfalten, ihr würdet in Ehrfurcht den Atem anhalten.

Vergesst eure Musterarbeit!

Oh ja, ich weiß. Die Therapeuten unter euch werden aufbegehren bei diesen Worten. Diejenigen, die so gut darin sind, Muster aufzudecken, zu erkennen oder zu bekämpfen.

Vergesst eure Musterarbeit!

Eure Art, mit Mustern und somit mit Energien umzugehen, ist sehr oft die Vermeidung der Annahme eurer eigenen Göttlichkeit, und so auch die Vermeidung der Annahme der Göttlichkeit in eurem Gegenüber.

Ihr „arbeitet" an euch, um Zeit zu gewinnen, ihr Lieben. „Bevor ich mich wahrhaft mit meiner eigenen Göttlichkeit auseinandersetzen kann, muss ich erst noch dieses oder jenes Muster bearbeiten, das mich davon abhält. Bevor ich mein Gegenüber lieben kann, muss es erst noch diese oder jene Eigenschaft ablegen."

Ihr Lieben. **Eure sogenannten Muster sind eine Seite der Münze. Die andere Seite ist immer eine göttliche Eigenschaft.**

Das Spiel, das ihr so lange gespielt habt, ist bald vorbei, und die Liebe ist jetzt da! Ihr dürft euch ihr öffnen. Sie bedeutet keine Gefahr. Nur Heilung, geliebte Menschen. Und Licht auf die andere Seite der Münzen, die ihr Muster nennt.

Könnt ihr ermessen, was das bedeutet, ihr Lieben?

Habt ihr schon einmal gehört: Wo viel Licht ist, ist auch viel Dunkel? Dieser Satz ist falsch, denn es heißt: Wo viel Dunkel ist, ist auch viel Licht. Erkennt die Geschenke, die in euren Mustern liegen, denn sie sind die andere Seite eurer gottgegebenen Werkzeuge, ihr Lieben.

In ihnen liegt große Macht, und der Schlüssel zur Ergreifung dieser Macht ist die Liebe. Die zweite Lektion der Liebe, die da heißt: Annehmen.

Nun, was bedeutet das im Einzelnen?

Habt Geduld, meine Lieben. Es ist nicht einfach, multidimensionale Wahrheiten in euer dreidimensionales Verständnis zu übersetzen. Ich werde es Schritt für Schritt an meinen Kanal übergeben.

Gleichzeitig bekommt er das ganze Paket vermittelt, und somit auch ihr, wenn ihr dieses lest. Also gebt nicht auf, wenn ihr nicht alles, was ich euch mitteile, verstehen könnt. Ein Teil der Wahrheit geht direkt in eure Zellen und euer Sein und durchdringt euch sozusagen von innen, sodass es eines Tages wie ein Zahnrad einrastet, es „klick" macht und ihr plötzlich versteht.

Es ist von grundlegender Bedeutung, dass ihr die Wahrheit eures Seins erkennt. Dass ihr seht, was eure Muster für eine Funktion in diesem Spiel, das ihr Karma nennt, hatten, und was sie in Wahrheit sind. Dazu müsst ihr zunächst einmal verstehen, dass ihr wahrhaft göttliche Wesen seid.

Ein göttliches Wesen könnte niemals mit Eigenschaften ausgestattet oder geprägt sein, die in ihrem Kern nicht göttlich sind. Das ist unmöglich, ihr Lieben.

Jeder von euch besitzt eine spezielle Signatur. Wenn ihr sie sehen könntet, würdet ihr leuchtende Farben sehen. Keine wie die andere. Es ist eure persönliche Essenz. Das, was euch von jedem anderen Wesen unterscheidet.

Nun mögt ihr einwenden: Wir sind doch alle eins. Wie kann es sein, dass wir im Kern verschieden sind?

Ihr Lieben: Im Kern sind wir alle gleich. Im Kern sind wir alle reine, unendliche, göttliche Liebe.

Das, was diesen Kern umgibt, euer feinstoffliches Vehikel, jedoch ist einzigartig und wird es bleiben, bis wir alle dereinst wieder mit dem Vater und der Mutter vereint sind.

Es gibt Ausnahmen von dieser Wahrheit, aber dazu werde ich in einem anderen Buch mehr sagen.

Das Spiel des Karmas diente dazu herauszufinden, ob göttliche Wesen, deren Essenz die Liebe ist, selbstständig zu ihrem Ursprung zurückfinden können, auch wenn es sich ihrem Bewusstsein vollkommen entzieht.

Die Frage hierbei war eigentlich: Wie groß ist die Macht der Liebe tatsächlich? Ist sie die stärkste Macht im Tanz des Alles, oder gibt es Bedingungen, denen sie erliegt?

Ihr alle kennt Legenden und Geschichten, wie dieses göttliche „Experiment" von außen gestört wurde, und sie sind teilweise wahr. Auch hierzu werde ich an anderer Stelle mehr sagen. Nur so viel: Die Frage ist beantwortet, und ihr habt die endgültige Erlaubnis, das Spiel zu beenden und zurückzukehren in euren natürlichen Seinszustand.

Und ja. Das bedeutet Aufstieg. Für euch und euren wunderschönen Planeten Gaia, der sehr unter diesem Spiel gelitten hat.

Es ist wie bei euren Tempeln. Ihr müsst euch reinigen und den Dreck abklopfen, denn ihr betretet heiligen Boden. Die Hallen eures Herzens, die ihr nun endlich betreten dürft.

Damit dieses nicht vor der Zeit geschieht, waren Teile dieses Zentrums versiegelt. Diese Siegel wurden bei einem Teil von euch entfernt, ihr Lieben.

Bei denen, die sich bereit erklärt haben, in diesen Zeiten des Wandels vorauszugehen, und denen, die folgen, den Weg zu leuchten.

Bei euch, ihr Lieben. Ihr, die ihr dieses lest.

Lasst mich euer Herz berühren und spürt die Wahrheit in eurem Inneren widerhallen. Spürt die Freiheit in eurem Brustkorb, denn die Siegel, die euch so lange Zeit von eurer eigenen Essenz getrennt haben, sind nicht mehr da. Fühlt es und feiert es. Es ist nicht mehr weit, geliebte Wesen.

Sieben Lektionen, sieben Schritte. Sieben Sprossen auf der Leiter, und ihr werdet wahrhaftig das Lied der Freiheit singen.

Nun zurück zu euren Mustern.

Eure Muster, „negativen" Eigenschaften, sind nicht von außen an euch herangetragen worden. Ihr habt sie nicht „entwickelt", weil ihr dieses oder jenes erlebt habt, ihr Lieben. Ihr tragt sie schon immer. Sie sind Teil eurer Essenz. Sie sind sozusagen ein Teil eurer persönlichen energetischen Signatur.

In eurer göttlichen Essenz sind dies göttliche Eigenschaften, die zu den Farben, den Strahlen in euren Feldern, gehören.

Ich werde euch ein Beispiel geben. Eine göttliche Eigenschaft oder Emotion ist das Mitgefühl. Es ist eine smaragdgrüne, leuchtende Farbe und besitzt die Fähigkeit, zu heilen. Die Bedingungen in der Dualität erfordern, dass jede Ganzheit in zwei Hälften aufgespalten wird, sodass das Mitgefühl auf der einen Seite der Münze ist, und auf der anderen Seite ist die Härte gegen sich und andere.

Jeder von euch trägt diese „Münzen" von Anfang an mit sich. Sie sind in euren Feldern und sogar in eurer DNS, denn in letzter Konsequenz eröffnen eure „Münzen", eure sogenannten Muster, einen direkten Weg nach Hause. Sie sind euer ureigenster Besitz. Das, was ihr mit hierhergebracht habt und auch mit nach Hause nehmen werdet. Mit ihnen werdet ihr euch an der Schwelle zur nächsten Dimension „ausweisen". Sie sind eure Eintrittskarte.

Nun werdet ihr fragen: Wie funktioniert das?

Ich werde es euch erklären, ihr Lieben. Habt Geduld. Ich kann nicht oft genug wiederholen, wie wichtig es ist, dass ihr dieses Konzept wahrhaftig versteht und annehmt, da es den Blick auf eure Welt grundlegend verändern wird.

Bringt ihr also die Eigenschaft des Mitgefühls mit auf eure Erdenreise, und eure Seele entschließt sich dazu, diesem Aspekt eures Seins ein Wachstum zu ermöglichen, wird sie die Münze umdrehen, sodass die Härte gegen sich und andere eure Erfahrungen durchdringen wird.

Mitgefühl ist ein aktives Prinzip, und somit ist es auch die Härte. Mitgefühl ist wachstumsfördernd. Die Härte jedoch stoppt jegliches Wachstum.

Nun ist das weder gut noch schlecht. Es ist einfach. Es ist das Prinzip der Dualität, da sonst das Wachstum nie enden würde.

Der Weg des Karmas sieht die Zunahme vor. Ihr kennt den Satz: „Der Brunnen wird so lange gefüllt, bis er überläuft."

Im Spiel des Karmas aktiviert ihr so lange eine „Schattenqualität" eures ureigensten Seins, bis die Münze sich dreht. Diese „Qualität", die Emotion, wächst durch die Erfahrungen, die ihr in diesem Spiel sammelt. Und somit euer

Leidensdruck. Nun gibt es zwei Möglichkeiten: Entweder, ihr macht die gleiche Erfahrung immer und immer wieder, bis die „negative" Seite eurer Münze so viel Energie angesammelt hat, dass der kritische Punkt überschritten wird und der „Gewichtsüberhang" die Münze von selbst dazu bringt, sich zu drehen.

Oder aber eure Seele entscheidet, dass ihr in diesem Aspekt eures Seins genug Erfahrungen gesammelt habt und „deaktiviert" diese Münze.

Ihr werdet also in nachfolgenden Inkarnationen keine diesbezüglichen Erfahrungen sammeln. Die Münze ist noch da, aber wie von einem energetischen Schutzschild umgeben, der verhindert, dass andere Menschen, deren „Münze" zu der euren passen würden, sich von euch angezogen fühlen und mit euch den Tanz des Karmas tanzen.

Wählt ihr den ersten Weg, so ist dies der vollkommene Weg der Erfahrung auf dieser Seinsebene. Denn kurz vor dem Moment, bevor die Münze sich dreht, steht die Erkenntnis dessen, was für ein Schatz in dieser Erfahrung verborgen ist.

Diese Erkenntnis, die euch wie ein Blitz aus heiterem Himmel zu durchzucken scheint, ist der letztendliche Tropfen, der das Fass zum Überlaufen bringt, und transportiert euch direkt auf die andere Seite der Münze, die den lichten Gegenpol zu der von euch gemachten Erfahrung oder von euch „gewählten" Emotion bildet.

In diesem Moment „besitzt" ihr eure Münze vollkommen und könnt ihre lichte Seite zu eurem Sein hinzufügen.

Sie hat schon immer in euch geschlummert. Als Potenzial, das zu seiner Erweckung das Durchleben seiner „dunklen" Gegenseite nötig hatte. Diese Erfahrung, die Entzündung eines eurer Potenziale, wird von diesem Augenblick an als farbiges Energieband in eurem energetischen Vehikel leuchten.

Und jede Wesenheit, die jenseits der Dritten Energiedichtedimension existiert, kann anhand dieser Energiebänder, die ihr euch wahrhaftig „erarbeitet" habt, erkennen, wer ihr seid und welche Eigenschaften und Fähigkeiten ihre bereits erworben habt.

Wählt eure Seele jedoch den zweiten Weg, den der Deaktivierung einer „Münze", steht euch dieses Potenzial nicht zur Verfügung. Es schlummert sozusagen tief in eurem Inneren als Anlage, die von eurem bewussten Selbst nicht gelebt wird.

Es gibt viele Gründe, warum eine Seele sich für eine Deaktivierung, die sie ja zunächst am wahren Seelenwachstum hindert, entscheidet.

Der häufigste Grund ist eine Traumatisierung auf Seelenebene. Das bedeutet, dass eine Erfahrung, die ihr in einer Inkarnation gemacht habt, so viel Schmerz in euch ausgelöst hat, dass eure Seele sich weigert, diese Erfahrung zu wiederholen. Und das ist ein Spiel, das sehr viel freie Wahl beinhaltet, ihr Lieben.

Und so schlummern in jedem von euch deaktivierte Münzen, denn niemals wird ein Mensch, und somit eine Seele, von Gott oder der Göttin gezwungen, einen von ihm gewählten Erfahrungszyklus bis zu seinem Ende abzuschließen, wenn er dieses nicht möchte.

Diese deaktivierten Münzen jedoch sind es, die euch den Aufstieg so schwer machen. Denn ihr habt auf eurer Ebene keine Möglichkeit, sie selbst ausfindig zu machen und somit ihre lichte Seite in Besitz zu nehmen. Sie stellen eure verborgensten und tiefsten Ängste dar. Eure Urverletzungen, die so schwerwiegend sind, dass ihr sie gut vor euch selbst verborgen und versteckt habt.

Nun gibt es bei euch verschiedene Therapieformen, die, ohne sich dessen bewusst zu sein und dies zu beabsichtigen, an diese versteckten Ängste und Verletzungen rühren. Dann alles, was ihr je erlebt und erfahren habt, ist in eurem Zellgedächtnis und somit in eurem Unterbewusstsein abgespeichert und kann deswegen auch aufgespürt werden.

Begebt ihr euch also zum Beispiel in eine Hypnosetherapie, die dazu dienen soll, die Ursache für ein bestimmtes Verhaltensmuster zu finden, und der Therapeut trägt in seinem Feld eine Münze, die zu der euren, die deaktiviert in euch schlummert, passt, kann es passieren, dass die Energie seiner Münze ihn auf den Weg zu der euren führt. Ist diese Energie stark, wird sie eure Münze aktivieren und ihr werdet überflutet mit Gefühlen und Erfahrungen, die in ihrer Intensität wahrhaftig zerstörerisch für eure geistige Gesundheit sein können.

Ich spreche hier von tiefer Hypnose, die das Tagesbewusstsein vollkommen ausschließt. Dieser Weg, ihr Lieben, ist wahrhaft gefährlich, und in keinster Weise dient er eurem Seelenwachstum. Deswegen erneut meine Bitte:

Hört auf zu graben und in euren eigenen Tiefen nach Dingen zu suchen, so lange ihr nicht das nötige Wissen und, vor allem, die nötige Liebesfähigkeit besitzt, um mit dem, was dort ist, umzugehen.

Für manche Dinge, die notwendig sind für euren Weg in die Freiheit, braucht ihr ein gewisses Rüstzeug und eine Führung, die aus eurer Seele und eurem Hohen Selbst besteht. Ohne diese Führung begebt ihr euch in die Gefahr, in euren eigenen Abgründen verloren zu gehen.

Ihr braucht die Flamme der Liebe in eurem Herzen, die euch immer den rechten Weg weisen wird, und ihr braucht einen Namen für die Dinge, die euch in euren inneren Welten begegnen können, damit ihr Meisterschaft darüber erlangen könnt.

Wisset, ihr Lieben: Die Qualitäten, die ihr erwecken wolltet auf eurer Erdenreise, standen für jeden von euch von Anfang an fest. Ihr habt dies nicht wirklich entschieden, sondern eure ureigenste Seinsstruktur hat dies bedingt.

So repräsentiert jeder von euch in seiner ursprünglichen Essenz einen gewissen Aspekt oder Strahl Gottes und der Göttin, und dieser Strahl bestimmt die Erfahrungen, die ihr als Wesen sammeln könnt, um wahrhaft zu wachsen. Nach ihm richtet sich die Anzahl und die Art der Münzen, die ihr von Anfang an, seit eurem ersten Schritt aus der Quelle, als Zeichen eurer Herkunft bei euch tragt.

Bevor nicht jede dieser Münzen „erlöst" ist, könnt ihr diese Seinsebene nicht verlassen, da jede der „lichten" Seiten wie eine Eintrittskarte ist, die euch erst den Zutritt zu höheren Seinsebenen ermöglicht.

Und so kommt es häufiger vor, dass ihr mit einer dieser „Eintrittskarten" für kurze Zeit in euren Meditationen einen Ausflug in höhere Ebenen des Seins unternehmt. Da ihr aber noch nicht alle Münzen umgedreht habt, die ihr besitzt, ist es euch nicht möglich, dort ganz und gar zu verweilen.

Euch fehlt die „große" Eintrittskarte, die erst durch die Umpolung aller Münzen geschaffen wird.

Und deswegen, ihr Lieben: Hört den Ruf eurer Seele, die eure Sehnsucht wecken will. Seid bereit für die Verbindung mit eurem Hohen Selbst, die nur und ausschließlich durch das Öffnen eures Herzens bewusst vollzogen werden kann.

Die Liebe ist es, die den Weg aus der Dunkelheit eurer „negativen" Seinsanteile hin zu eurem wahren göttlichen Licht erleuchtet. Nur sie macht es euch möglich, durchzuhalten und den oft steinigen Weg zu wahrer Meisterschaft zu gehen.

Sie ist die einzige Kraft, die stark genug ist, jeden – ich wiederhole – JEDEN Widerstand aus dem Weg zu räumen. Denn die Liebe verbindet, was zusammengehört, und erlaubt euch, euch in ihr auch in Zeiten größter Umbrüche und Turbulenzen auszuruhen und die Kraft zu tanken, die von eurem wahren Ursprung stammt.

Aus eurem Herzzentrum, das das Herzzentrum Gottes und der Göttin widerspiegelt. Und so, ihr Lieben, erkennt, dass der Schlüssel zu eurer Befreiung ganz nahe bei euch ist. In eurem Herzen.

Öffnet euch der göttlichen Liebe und lasst zu, dass sie die Führung in eurem Leben übernimmt.

Ihr Lieben. Es gibt einen dritten Weg: Korinther 13

Schlagt eure Bibel auf und lest Korinther 13 erneut mit offenem Herzen, denn es sind wahrhaft heilige Worte, die das Potenzial tragen, euer Herz sofort zu erreichen.

Die Liebe ist der Schlüssel für Glaube und Hoffnung. Denn die Liebe vermag diese „Münzen" umzudrehen in göttliche Gewissheit und tiefstes Vertrauen.

Die Liebe ermöglicht es euch, immer wieder kurze Einblicke auf den großen Plan der Schöpfung zu „erhaschen", sodass euer Glaube an eine göttliche Führung transzendiert wird in echte innere Weisheit, und eure Hoffnung in eine positive Zukunft transzendiert wird – in bedingungsloses Vertrauen.

Und dieser Schlüssel, ihr Lieben, geliebte Kinder Gottes und der Göttin, ist es, der euch die Lösung eures Rätsels des Lebens offenbaren wird.

Die zweite Lektion der Liebe bedeutet nichts weniger, als euch mit all euren Gaben, die ihr von der Quelle selbst erhalten habt, bedingungslos anzunehmen.

Das ist der Schlüssel zur Annahme allen Lebens und aller Bedingungen der Schöpfung, da ihr durch das Annehmen beginnt, euren Platz und eure Rolle in dieser großartigen Sinfonie, in diesem Gewebe aus unendlicher Liebe und Weisheit, bewusst einzunehmen und auszufüllen. Ihr aktiviert dadurch euren „Meisterplan", der das höchste Ziel einer jeden Seele, die das Spiel des Karmas auf dieser Seinsebene gespielt hat, darstellt.

Ihr werdet fragen: „Was ist das, ein Meisterplan?"

Ihr Lieben, ich werde es euch erklären. Der Meisterplan führt euch direkt hinaus aus dem Rad und Zyklus von „Stirb und werde".

Hinaus aus dem Rad des Karmas, oder, besser, hinein in das Zentrum des Rads, in dem die Pforte zu höheren Ebenen der Erfahrung liegt. (Und diese Pforte, ihr Lieben, existiert tatsächlich. Es ist die Pforte, die sich für euch öffnen wird.)

Die Pforte, durch die ihr schreitet, wenn ihr bereit seid, euren wahren Platz einzunehmen, und deswegen liegt so viel Wahrheit in den Worten: Erkenne dich selbst, und du wirst Gott schauen.

Im Annehmen liegt die größte Magie, die für euch auf dieser Ebene zugänglich ist. Im tatsächlichen Annehmen liegen die Kraft und die Macht zur sofortigen Alchemie des Geistes.

Der bloße Akt des Annehmens aus tiefstem Herzen und in Liebe dreht viele eurer Münzen, von denen ihr gar nicht wusstet, dass ihr sie besitzt, um.

Das Annehmen katapultiert euch direkt auf die nächste Sprosse der Leiter, und wisset: Schon oft habt ihr an dieser Stelle gestanden und konntet diesen einen Schritt nicht gehen. Den Schritt in die Liebe, der das Annehmen eures Seins bedeutet.

Ihr braucht Mut dazu, geliebte Seelen. Doch wisset: Dieser Mut wird geboren aus der Liebe in eurem Herzzentrum. Denn Liebe und Mut gehören fest zusammen.

Die Liebe ist der Motor für die Emotion des Mutes, der ebenfalls eine göttliche Emotion ist, und sollte eine eurer Münzen die Feigheit sein, so wisset:

Die Liebe ist die Energie, die ihr braucht, um Feigheit in Mut zu verwandeln.

Und so werdet ihr wieder erkennen, dass der zweite Schritt nicht vor dem ersten kommen kann.

Ohne den Gang in eure Mitte, der euch in euer Zentrum und eure Liebe führt, werdet ihr den Mut nicht haben, den zweiten Schritt des Annehmens eures Seins und eures Wegs vollkommen vollziehen zu können. Wenn ihr dieses für euch als Wahrheit spürt, ihr Lieben, wiederholt die Meditation aus dem 1. Kapitel so oft, bis ihr vollkommen von dieser göttlichen, von eurer Liebe durchdrungen seid, und ihr werdet feststellen: Die Feigheit ist verschwunden, und ihr besitzt den Mut, den es braucht, um voranzuschreiten auf dem Weg der Liebe, für den ihr euch vor langer Zeit entschieden habt.

Ihr Lieben. Eines sollte euch bewusst werden: Die Spielregeln haben sich grundlegend verändert, denn das Spiel, so, wie ihr es kanntet, ist zu Ende.

Ich habe euch drei Möglichkeiten der Seele, ihren Weg von der Quelle zurück zu ihr, aufgezeigt, damit ihr euch erinnert.

Das Spiel des Karmas: Es ist vorbei.
Die Deaktivierung: Sie ist vorbei.
Es bleibt der dritte Weg.

Der Weg der Liebe, und deswegen spreche ich zu euch in diesen Zeiten, die das Tor zu eurer wunderbaren Zukunft in einer neuen Seinsebene darstellen.

Denn eines müsst ihr selbst übernehmen: durch dieses Tor hindurchzugehen als freies Wesen. Als Mitschöpfer und Meister vor Gott und Göttin.

Der Meisterplan ist nun für euch zugänglich, und tief in eurem Inneren fängt eine Glocke zu läuten an, denn ihr wisst – auf Zellebene – was dies bedeutet.

Aber ach, euer Verstand, er will es verstehen. Er braucht Worte, um die Energien, die derzeit von unserer

Seite des Schleiers mit Macht herunterkommen, zu übersetzen. Ihr Lieben!

Ich werde euch Worte geben für euren fleißigen Verstand, der nie müde wird und euch so auf Trab hält. Und meine Energie wird euch durch diese Worte erreichen, damit euer Verstand erkennt: Es ist Zeit, das Zepter abzugeben. Denn der König und die Königin eures Seins kehren zurück aus ihrem Schlaf und fordern ihren Thron. Ihr erwacht und übernehmt das Zepter eures Seins und eures Weges.

Ihr werdet die Fackelträger der Neuen Zeit, ihr Lieben, und ihr werdet dafür geehrt.

Nun. Der Meisterplan.

Der Weg der Seele bisher sah vor, dass über Erkenntnis das Lösen aus dem Zyklus von "Stirb und Werde" erst möglich wurde. Wenn eine Seele einige ihrer Münzen umgedreht und somit genügend ihrer „lichten" Anteile erweckt hatte, begann sie, ihren „Meisterplan" zu aktivieren. Das heißt, eine Anzahl von Leben festzulegen, die nur dem Zweck der Erleuchtung dienen.

Das ist niemals so linear vonstatten gegangen, wie ihr euch das vorstellt, denn die Seele kann zeitgleich Inkarnationen in eurer Zukunft und Vergangenheit haben, da Zeit in Wahrheit nur ein Bezugsrahmen ist, der euch erlaubt, bestimmte Erfahrungen als Folge von Ursache und Wirkung zu erleben.

Diejenigen von euch, die dieses lesen, haben ihren Meisterplan bereits „vor vielen Leben" aktiviert, oder aber sie haben sich für einen „kurzen" Zeitraum aus anderen Systemen hierher „versetzen" lassen, nur um in der Zeit dieses Übergangs zu helfen, oder auch „nur", um dabei zu sein.

Es ist eine große Ehre und Auszeichnung für eine Seele, an diesem Prozess, der sich hier auf euer Seinsebene vollzieht, beteiligt sein zu dürfen. Es ist schwer, eurem linearen Verstand die „Gleichzeitigkeit" eurer Leben und somit eurer Erfahrungen zu vermitteln. Ihr könnt es euch vorstellen wie Scheiben, die in der Mitte ein großes Loch haben und mit etwas Zwischenraum übereinanderliegen. Auf jeder dieser „Scheiben" befinden sich gewisse Zyklen eurer Zeit.

So ist zum Beispiel eine Verkörperung eures Selbst auf einer dieser Scheiben in der Zeit der französischen Revolution beschäftigt, während eine andere Verkörperung im amerikanischen Bürgerkrieg „beschäftigt" wird, und wieder eine andere zur Zeit des zweiten Weltkriegs.

Aber alles geschieht „gleichzeitig", nur dass euer Tagesbewusstsein davon nichts mitbekommt. Was all diesen Inkarnationen aber gemeinsam ist, ist das „Thema" in diesen Verkörperungen. Sind diese Inkarnationen gelebt, werden die Erfahrungen zu den gewählten Themen „zusammengetragen" und bewertet, und eure Seele und euer

Hohes Selbst planen zusammen mit den geistigen Hierarchien einen neuen Themenzyklus.

Ihr Lieben. So war das bisher. Aber durch den Abschluss aller Erfahrungen dieser Seinsebene geschehen nun zwei Dinge: Ihr kommt der Gleichzeitigkeit der Vorgänge immer näher, und ihr beginnt euch zu erinnern. Durch den „Schlusspfiff" der Quelle, dass dieses Spiel nun beendet ist, verändern sich gewisse Bedingungen. So nähern sich die Scheiben einander an, bis sie schließlich aufeinanderliegen.

Bisher war die einzige Verbindung dieser Scheiben das Loch in der Mitte, und ihr konntet in tiefer Meditation oder durch das Hervorrufen gewisser Bewusstseinszustände in die Mitte eurer Scheibe gelangen und so eine Verbindung zu einer anderen Scheibe in einer anderen Zeit herstellen. So konntet ihr euch an vergangene Inkarnationen erinnern.

Durch das Annähern der Scheiben ist es euch möglich, Eindrücke aus diesen anderen Ebenen eures Seins zu erhalten, ohne bewussten Versuch, dort hinzugelangen, da die Scheiben in steter Vibration befindlich sind.

Sie schwingen in der Frequenz ihrer Zeitqualität, und so lösen sie lichte „Wellen" aus, die euch, je mehr ihr euch annähert, erreichen können. Nun liegen diese Scheiben fast aufeinander. Und jetzt ist der Zeitpunkt, euch auf eine

Besonderheit dieses Systems aufmerksam zu machen.

Es gibt eine zentrale Scheibe.

Die Scheibe, die in der Mitte eurer vergangenen und zukünftigen Inkarnationen liegt, und auf dieser Scheibe befindet ihr euch. Es ist diese Scheibe, die alle Erfahrungen der anderen Scheiben aufnimmt und ausgleicht. Es ist sozusagen eure Hauptscheibe, eure „Kommandozentrale”, eure „realste” Realität. Und es ist die Scheibe, die das Fundament für das Gebilde ist, das entsteht, wenn alle Scheiben miteinander verschmolzen sind. Das Thema eurer „Scheibensäule”, ihr Lieben, ist der Aufstieg. Und so verbindet ihr euch automatisch mit allen Inkarnationen eurer Seele, die mit diesem „Thema” beauftragt sind.

Und eure persönliche Rolle ist deswegen so wichtig, weil es ohne euch nicht geht, ihr Lieben. Ihr seid auf der mittleren Scheibe, und dadurch tragt ihr die Verantwortung dafür, ob das große Werk gelingt oder nicht.

Euer großes Werk wohlgemerkt. Denn es gibt auch eine „Scheibensäule” für euren Planeten Gaia und eine für die Menschheit als Ganzes. Sie sind alle miteinander verbunden und stehen in Wechselwirkung miteinander.

Für eure Mutter, euren Planeten, vollzieht sich der Aufstieg ohne Zweifel. Sie wird den Dimensionswechsel vollziehen. Die Frage hierbei ist: Kommt ihr mit? Oder geht ihr gar voraus?

Einige wenige von euch werden noch vor Mutter Erde folgen. Doch wisset: Es ist noch nicht entschieden, ob die Menschheit als Ganzes den großen Schritt machen wird, und deswegen liegt so viel Gewicht auf den Schultern des Einzelnen. Jeder Mensch, der es schafft, sich für den Weg der Liebe vollkommen zu öffnen, stellt ein Tor für die gesamte Menschheit dar, ihr Lieben.

Versteht ihr nun, wie wichtig ihr seid? Dämmert euch eure Bedeutung im großen Plan? Seid ihr bereit, eure Verantwortung zu übernehmen und euren Beitrag zu leisten? Ihr müsst verstehen, dass sich nicht jeder Mensch auf der Scheibensäule des Aufstiegs befindet.

ABER: Jeder Mensch, der derzeit inkarniert ist, hat die Möglichkeit und die Erlaubnis, seinen Meisterplan zu aktivieren und so in die zentrale Aufstiegssäule zu wechseln.

Ich habe euch erklärt, dass ihr Verbindungen herstellt zu jeder Inkarnation der Seele, die mit dem Aufstieg „beauftragt" ist. Es gibt aber zahlreiche andere „Themensäulen", die eure Seele im Verlauf ihrer Evolution durchwandert hat, und diese Themensäulen sind im Kreis um eure Säule des Aufstiegs herum gruppiert.

Ihr seid die Sonne, um die herum sich die „Planeten" eurer übrigen Themensäulen drehen. Aus ihnen stammen eure deaktivierten Münzen, und somit seid ihr auch mit ihnen in Wechselwirkung begriffen.

Und so schließt sich der Kreis, ihr Lieben. Geliebte Menschen.

Noch einmal: Sucht nicht nach versteckten Mustern und deaktivierten Münzen.

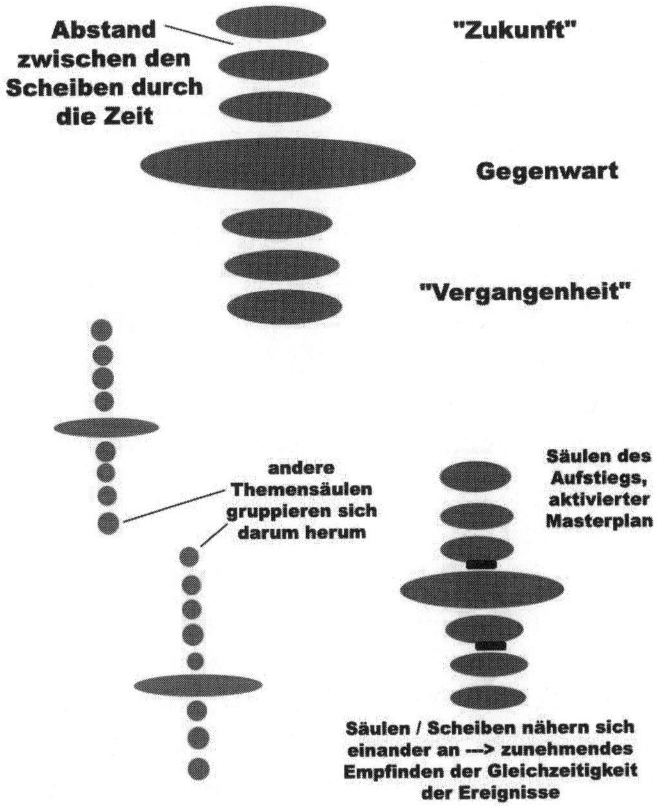

In dem Moment, in dem ihr in euer Herz geht und euch und euer „Schicksal" annehmt, beginnen sich die Scheiben mit großer Geschwindigkeit einander anzunähern. Ihr beschleunigt also sozusagen den Prozess, der sich auf der Ebene eures Planeten vollzieht.

Und da ihr die Führung an die Welt des Geistes und euer Hohes Selbst abgebt und zustimmt, zusammen mit uns, die wir in den höheren Dimensionen existieren, zu arbeiten — in einer Partnerschaft: Spirit und Mensch, werden automatisch die Münzen, die für euch von Bedeutung sind, aktiviert, und ja: auch eure „deaktivierten" Münzen.

Und das ist es, was euch immer wieder ins Straucheln bringt, denn in dem Moment, in dem Spirit euch eine eurer deaktivierten Münzen auf eurem Weg als Geschenk darbietet, „verdunkelt" sich für kurze Momente euer Leben, und ihr fühlt euch erneut allein gelassen.

Doch wisset: Ihr seid niemals allein.

Ihr braucht diese Momente der Dunkelheit, um euch auf die lichte Seite eurer Münzen ausrichten zu können. Die Dunkelheit ist sozusagen die Zeit, die es braucht, um die Münze zu drehen, und wenn ihr dies einfach geschehen lasst, indem ihr euch in den Momenten, in denen ihr euch niedergeschlagen und verloren fühlt, direkt zurück in euer Herz, in die göttliche Gnade begebt, werdet ihr diese Tage mit Leichtigkeit überstehen und meistern.

Ihr solltet solche Tage feiern, denn was sie bedeuten, ist Folgendes: Ein großer Stein auf eurem Weg wandelt sich gerade zum Wind in eurem Rücken.

Nutzt diese Tage, um euch auszuruhen und Kraft zu tanken, in dem Bewusstsein, dass es zu eurem Prozess der Meisterschaft dazugehört. Und lernt, diese „Pausen" zu begrüßen.

Ihr Lieben, es wartet so viel lichtvolle Arbeit auf euch. Genießt eure Pausen, in denen scheinbar „nichts" weitergeht und alle Ampeln auf Rot zu stehen scheinen. Es sind dies die Momente, in denen die größte Alchemie des Geistes wirkt, und ihr könnt diese Momente verkürzen, indem ihr aufhört, dagegen anzukämpfen. Indem ihr aufhört, zu überlegen, was mit euch nicht stimmt.

Ihr müsst verstehen, dass ihr derzeit wahrhafte Bewusstseinssprünge tätigt, die in einer anderen Zeitqualität viele, viele Lebenszyklen gebraucht hätten.

Alles ist beschleunigt, und das rasante Tempo, in dem sich alles für euch entwickelt, macht euren Körpern und eurem Verstand oft noch zu schaffen.

Doch wisset: Nehmt euer Leben an. Geht in Liebe in die Akzeptanz, dass alles so ist, wie es sein soll, dass ihr göttliches Licht seid, das dabei ist, zu höherer Form zu finden, und ALLES wird sich für euch lösen.

Erneut und in Liebe bitte ich euch, ihr Krieger, ihr Priester, Schamanen, ihr Diener des Lichts: GEBT AUF!

Und geht in euer Herz. Geht in euer Zuhause, in dem es für euch so sicher ist wie für einen Fötus im Bauch seiner Mutter.

Kommt nach Hause, geliebte Seelen, kommt nach Hause.

Ich werde euch nun eine Meditation geben, die euch den zweiten Schritt in die Lektion des Annehmens allen Seins erleichtern wird.

Doch erneut bitte ich euch: Wiederholt zuvor die Meditation aus dem 1. Kapitel. So lange, bis sie Teil eures Seins ist. Bis es euch einen Atemzug kostet, um in euer Herz zu gelangen.

Und wenn ihr so weit seid, meine mutigen Kinder des ALL-EINEN, dann schreitet voran. Schreitet voran.

Amra nuber assai.
Ich bin Maitreya.

☆☆☆

Meditation

Begebt euch in die Ruhe. Atmet tief ein und wieder aus.

Beatmet euren Herzraum und lasst eure Gedanken zur Ruhe kommen.

Geht in euer Herz, so, wie ihr es in der ersten Meditation gelernt habt.

Begebt euch in das Zentrum eures Herzens und tretet ein in eure Blume des Lebens.

Erneut seht ihr die Farben, wie sie euch tanzend umspielen.

Eine dieser Farben erweckt besonders eure Aufmerksamkeit.

Ihr taucht eure Hand in diese Farbe und stellt fest, dass beim Berühren ein Ton entsteht. Ein wunderschöner Klang, der in den Weiten eures Herzens widerhallt.

Schließt jetzt die Augen in der Blume und lauscht weiter dem Klang der Farbe, die ihr berührt habt.

Welches Gefühl weckt dieser Klang tief in eurem Inneren?

Merkt euch dieses Gefühl, den Klang und die Farbe, die ihr so intensiv erleben durftet, und öffnet die Augen in eurer Blume.

Dreht euch einmal um eure Achse und tretet aus der Blume heraus, in der entgegengesetzten Richtung eures Eintretens.

Vor euch erstreckt sich ein Weg. Es ist ein schmaler Weg, und ihr könnt erkennen, dass er in einer Höhle mündet.

Folgt diesem Weg bis zu der Höhle. Es ist dies die Höhle, in der sich die Halle der Aufzeichnungen befindet.

Geht bis zu ihrem Eingang und seht hinein. Ein funkelndes Licht strahlt euch entgegen. Ein tausendfaches Wiederscheinen von unzähligen Kristallen, die sich in dieser Höhle, die sich in ihrem Inneren wie ein Dom in die Höhe streckt und so weit reicht, dass ihr ihr Ende nicht ausmachen könnt, befinden.

Ihr spürt die Reinheit und Unberührtheit dieses heiligen Ortes, und ihr fühlt, wie ihr von Ehrfurcht ergriffen werdet.

Tretet langsam ein und fühlt die Energie der Kristalle. Dann seht euch um. In diesem Glitzern und Funkeln, das euch umgibt, seht ihr plötzlich die Farbe aus der Blume eures Herzens aufblitzen. Die Farbe, die ihr zuvor berührt habt.

Das Blitzen wird zu einem intensiven Strahlen, und ihr werdet magnetisch davon angezogen.

Geht dorthin, von wo aus eure Farbe erstrahlt, und ihr erblickt den Kristall, der eure Farbe zu erzeugen scheint.

Bleibt vor ihm stehen und betrachtet ihn eingehend. Der Kristall löst sich und schwebt langsam auf euch zu.

Wenn es seine Größe erlaubt, nehmt ihn in die Hand, ansonsten legt eure Hand darauf.

Eine intensive Kraft geht von ihm aus, und ihr spürt ein Pulsieren, das sich wellenförmig über eure Hand in euch ausbreitet.

Dieser Kristall ist angefüllt mit eurer ursprünglichen Essenz. Er trägt die Energie eurer Herkunft. Und die Information, wer ihr wart, als ihr eure Reise begonnen habt.

Legt diesen Kristall nun an euer Herz. Wenn er zu groß ist, legt eure Arme so darum, dass euer Brustbein ihn berührt, und öffnet euch dieser Kraft, die ihr selbst seid.

Spürt, wie euch die Wellen der Liebe und Kraft eurer Herkunft, eurer wahren Essenz, durchströmen, und öffnet euch weit für euer wahres Wesen.

Spürt die Wahrheit eures Seins in jeder Zelle eures

Körpers vibrieren und widerhallen, und wenn ihr spürt, dass es so weit ist, dann formt aus der Tiefe eures Herzens die Worte:

„Ja. Ich bin das.
Ich nehme meinen göttlichen Ursprung an. So sei es!"

In diesem Moment stellt ihr fest, dass euer Kristall, egal, wie groß oder klein er gewesen sein mag, verschwunden ist. Denn er ist eins mit euch geworden. Ihr seid von diesem Moment an der wahre Träger eurer göttlichen Essenz, und somit eurer göttlichen Macht.

Hebt eure Arme zur Decke und dankt stumm oder in euren eigenen Worten für dieses Geschenk der Vereinigung mit eurer Ursprungsenergie.

Dann begebt euch wieder hinaus aus der Höhle. Vor der Höhle erwartet euch ein Engel. Er ist wunderschön und strahlt Liebe in einer Intensität aus, wie ihr es noch nie bei einem Wesen zuvor wahrgenommen habt.

Erkennt ihn. Dies ist euer Engel, der vom Beginn eurer Reise an bei euch war.

Der Engel öffnet seine Arme zur Begrüßung, und ihr geht offenen Herzens zu ihm und erwidert diese Umarmung. Vielleicht erkennt ihr seine Stimme und seine Energie, denn sie war bei euch vom Anbeginn eurer Zeit.

Sanft schließt er seine Arme um euch und steigt mit euch in die Luft.

Fühlt die Leichtigkeit und die Freude, die in euch aufsteigen, und gebt euch diesem Gefühl des Vertrauens, in der Geborgenheit dieser Arme zu liegen, vollkommen hin.

Sanft landet euer Engel mit euch. Ihr stellt fest, dass es Nacht ist und ihr auf einer Hochebene angekommen seid. Um euch herum funkeln Milliarden von Sternen. Der Himmel ist vollkommen klar und wolkenlos.

Euer Engel fährt mit seiner Hand über eure Augen, und plötzlich nehmt ihr wahr, dass der Nachthimmel durchzogen ist von einer Vielzahl bunter Farben, die wie Kometen oder Meteoritenschweife die Weiten des Alles durchziehen.

Hört in die Stille der Nacht.

Ihr beginnt Klänge zu vernehmen, und diese Klänge kommen von den Farben, die den Nachthimmel durchziehen.

Spürt tief in euch hinein und nehmt wahr, wie der Klang eurer Farbe in euch zunimmt. Wie ihr beginnt, mit ihm zu vibrieren.

Seine Intensität nimmt stetig zu, und schließlich hebt ihr die Arme hoch in die Luft und fügt euren Klang in die euch umgebende Sinfonie hinzu.

Spürt, wie es ist, eure Essenz, eure Farbe, euren Klang mit der Schöpfung zu verbinden. Dies ist euer Platz. Euer Sein.

Atmet tief ein und wendet euch eurem Engel zu. Er reicht euch die Hand, und gemeinsam verlasst ihr die Hochebene.

Ihr geht auf einen schmalen Abgrund zu. Dicht am Rand bleibt ihr stehen.

Seht auf der anderen Seite die weite Ebene, die sich bis zum Horizont erstreckt.

Euer Engel nimmt euch erneut in die Arme und fliegt mit euch über den Abgrund und die Ebene hinweg.

Unter euch erstrecken sich Wiesen und Felder, und euer Engel erklärt euch, dass dies die Ebene ist, auf der sich euer Spiel des Karmas zuträgt.

Das ist die Welt, in der ihr lebt.

Immer höher steigt ihr mit eurem Engel, bis die Bäume unter euch nur noch kleine Punkte sind.

Immer höher, bis ihr die Erde verlassen habt und sich um euch herum die Weiten des Alles erstrecken.

Es ist vollkommen still, und ihr seid in den Armen eures Engels sicher und geborgen.

Euer Engel fliegt mit euch auf ein leuchtendes Gebilde zu. Als ihr näherkommt, erkennt ihr, dass es ein riesenhafter Kreis ist.

Er ist mit Symbolen eures Tierkreises und verschiedenen Münzen versehen und dreht sich unablässig.

In der Mitte dieses Rads, das euer persönliches Rad des Karmas ist, seht ihr eine goldene Tür, die langsam beginnt sich zu öffnen.

Seht genau hin.
Alle eure Leben, alle eure Münzen, alle eure Erfahrungen in der Dritten Dimension befinden sich auf diesem Kreis.

Er ist das Sinnbild für euer Menschsein.

Wenn ihr fühlt, dass ihr bereit seid und es für euch richtig ist, dann formt aus der Tiefe eures Seins die Worte:

„Ich bin bereit. Ich nehme mich und das Sein in Gott und der Göttin vollkommen an. Ich durchschreite das Rad des Karmas und beginne den Weg der Freiheit in der Liebe. So sei es."

In diesem Moment stoppt das Rad, und die Tür öffnet sich weit.

Euer Engel bringt euch bis an die Schwelle, und wenn ihr so weit seid, geht hindurch.

Ihr habt nun den Zyklus des „Stirb und Werde" hinter euch gelassen und seid somit direkt zurück in euer Herz gegangen.

Dort seid ihr nun. Ihr steht vor eurer Blume des Lebens, die stärker leuchtet als je zuvor.

Von nun an werdet ihr Schritt für Schritt den Weg der Freiheit und den der wahren Meisterschaft gehen.

Geliebte Wesen.
Atmet tief ein und aus und öffnet die Augen und wisset: Nichts wird je mehr so für euch sein wie zuvor.

Amra nuber assai.
Ich bin Maitreya.

☆☆☆☆☆

Kapitel 3

Seid gegrüßt, ihr Lieben. Meine wackeren Kinder des All-Einen, des Gottes und der Göttin. Ein jeder von euch.

Ihr alle werdet dereinst als Meister der Materie in die Chroniken des Vaters und der Mutter eingehen. Euer Rat wird unschätzbar wertvoll sein. Für viele Welten. Viele Welten.

Und dennoch: Auch ihr seid Schüler. Meisterschüler. Aber nichtsdestoweniger Schüler. Ein jeder von euch. Und so seid ihr in einer Welt des Lernens in der Abschlussklasse angekommen. All die Jahrtausende haben euch hierher geführt, und es gibt nur noch einen Lehrer und ein Fach, und sie beide heißen: Liebe.

Und ihr und euer Lehrer und euer Fach, ihr seid eins.

Versteht ihr das, meine Lieben? Versteht ihr, wer es ist, von dem ihr am meisten lernt? Ihr seid Liebe, und wenn ihr euch ein einziges Mal dieser Wahrheit geöffnet habt, könnt ihr keinen Tag mehr ohne EUCH sein. Ihr seid den Weg über die Treue und das Annehmen allen Seins gegangen. IN LIEBE. Und die Ereignisse in eurem Leben mögen euch alles andere als liebevoll erschienen sein. Und so haben sich euch einige eurer Münzen offenbart. Vielleicht habt ihr sie umgedreht IN LIEBE, vielleicht werdet ihr das noch tun.

Doch ihr merkt: Alle Bemühungen, etwas außerhalb eures Herzens zu lösen, allein mit den euch vertrauten Werkzeugen, funktionieren nicht mehr.

Es bleibt immer nur der Weg der Liebe: über die Treue ins Annehmen. Und in dieser Erfahrung, ihr Lieben, ist bereits die dritte Lektion der Liebe verborgen.

Die dritte Lektion der Liebe lautet

Demut

Ihr Lieben. Die Lektion der Demut ist euer Begleiter bis zurück zur Quelle allen Lebens und allen Seins.

Das Wort Demut ist in eurer Sprache so verdreht und so sehr missbraucht worden, dass allein beim Klang dieses Wortes zahlreiche Erinnerungen im Gedächtnis eurer Zellen wachgerufen werden. Dunkle Erinnerungen. Erinnerungen an Unterdrückung und Knechtschaft.

Doch Demut in Liebe, ihr Lieben, ist die Erkenntnis eures Platzes und eures Wertes im großen Plan. Sie kommt zu euch in Momenten tiefster Meditation und Dankbarkeit, und Demut ist es, die euch laut rufen lässt: Ja! Ich bin bereit, zu dienen. Aus Liebe.

Denn das ist es, was Demut ausmacht. Die Erkenntnis, dass die Vergänglichkeit dieser Seinsebene mit all ihren Illusionen eure Seele nicht glücklich machen kann und euer Herz nicht vibrieren lässt vor Freude.

Demut, die von selbst aus der Tiefe eures Seins in euer Bewusstsein aufsteigt, ist ohne Liebe nicht möglich.

In tiefer Liebe erkennt ihr, dass ihr Teil von etwas Großartigem seid, und dass dieses Großartige euch benötigt, um ganz zu sein.

Dass ihr einen festen Platz im Gefüge des Lebens habt und eine Aufgabe.

Demut bedeutet, sich dem zu beugen. Und sich in sein Glück führen zu lassen. Voller Vertrauen und Akzeptanz, dass der Weg dorthin nicht immer leicht ist.

Demut bedeutet, die Führung abzugeben. Den Griff eures Verstandes zu lockern und zu erkennen, dass ihr eurem Fluss, und somit dem Fluss des Lebens und der Liebe, nur selbst im Weg steht, wenn ihr versucht, diesen Fluss nach euren Wünschen, die aus euren Bedürfnissen geboren werden, zu lenken.

Demut ist die Einsicht in die Endlichkeit des menschlichen Dramas und die Unendlichkeit des göttlichen Spiels.

Demut ist die Schwester der Ehrfurcht und der Bruder des Vertrauens, und Demut und göttlicher Stolz sind eins. Um wahre Demut und die damit verbundene Lektion zu verstehen, müsst ihr zunächst einmal erfassen, was Demut nicht ist.

Demut ist niemals ein „Sich-klein-Machen". Demut ist niemals ein Ausdruck von Minderwertigkeit gegenüber etwas oder jemandem, der mächtiger, weiser oder größer zu sein scheint als ihr selbst. Demut ist nicht, auf den Knien zu rutschen vor einem Gott, der von euch angebetet werden will.

Demut ist kein Gehorsam.

All dies ist Demut NICHT.

Und all dies verbindet ihr in euren Erinnerungen damit.

Wascht euch rein von diesen Glaubenssätzen, die ihr bezüglich des Wortes „Demut" tragt, und öffnet euch für das Erlebnis wahrer Demut. Denn glaubt mir, meine Lieben, ihr werdet Demut erleben. In tiefer Liebe in eurer Meditation, oder ausgelöst durch eure Kämpfe mit euren Windrädern.

Demut ist eine Lektion der Liebe, die unabdingbar ist für die Entwicklung eurer Seele zur wahren Meisterschaft. Und es ist die Lektion, die euch befreien wird von vielen eurer Sorgen und Lasten.

Macht euch bereit, ihr Lieben, und lasst euch führen.
In Liebe. In die Demut.

Demut, ihr Lieben, ist die Pause zwischen euren Atemzügen. Es ist der Moment, in dem ihr eure Gedanken zurücknehmt und auf die Stimme des Geistes lauscht.

Demut bedeutet, dass ihr euren eigenen Wert nicht zu hoch einschätzt, aber auch nicht zu gering achtet. Demut ist das Gefühl des Bewusstseins eures Wertes, der unendlich groß ist, und doch nicht größer oder kleiner als der eures Bruders oder eurer Schwester.

Demut lehrt euch, wann es Zeit ist, zurückzutreten und den Geist wirken zu lassen, der den gesamten Plan überblickt.

Demut ist nichts weniger als zutiefst empfundene Dankbarkeit für das Geschenk des Lebens und die Gnade, bewusst daran teilhaben zu dürfen.

Demut lässt euch erkennen, welch großes Geschenk euer Hiersein darstellt.

Wahre Demut, ihr Lieben, bedeutet zu erkennen, dass ihr nicht Gottvater und Gottmutter seid, aber dennoch göttlich. Demut verweist euch auf den Platz des Mitschöpfers und nimmt euch eure Allmachtsphantasien.

In bestimmten Prozessen eures Körpers ist sehr genau gespiegelt, was geschieht, wenn ein Teil des Ganzen den Bezug zu seiner wahren Funktion und Bedeutung verloren hat.

Krebs, ihr Lieben, ist zum Teil ein Spiegel im Umgang mit dem Begriff der selbstverwirklichten Göttlichkeit. Eine Zelle hat ihre festgelegte Aufgaben und die Funktion, die der Organismus als Ganzes für sein Fortbestehen benötigt. Diese Zelle ist nun aber nicht isoliert, sondern im ständigen Austausch mit den sie umgebenden Zellen, und ja, auch mit den Zellen und Energien der euch umgebenden Menschen begriffen.

Im göttlichen Seinszustand „weiß" die Zelle, wer sie ist. Was ihr Platz und ihre Aufgabe ist. Doch hat auch jede Zelle ein eigenes Bewusstsein.

Das bedeutet: Sie dient euch aus freien Stücken. Im Laufe eurer Entwicklung und der Zunahme eures Bewusstseins nimmt auch dieses Zellbewusstsein zu. Und wenn ihr in euch falsche Glaubenssätze bezüglich eures wahren Platzes, eurer Aufgabe und eurer Bedeutung nährt, kann es geschehen, dass eure Zellen diese „Impulse" aufgreifen und das „Wachstum" verwirklichen, das ihr euch selbst verwehrt. So wird es Zellen geben, die wuchern und somit andere Zellen verdrängen.

Dies, meine Lieben, geschieht meistens, wenn ihr das Gefühl für eure eigene Göttlichkeit unterdrückt und es zulasst, dem Leben als Opfer zu begegnen.

Nehmt dies bitte exemplarisch. Denn zu den Krankheiten, die ihr entwickelt, gibt es sehr viel mehr zu sagen, und das wird auch an anderer Stelle noch geschehen. Aber wisset, dass Demut, das Wissen um die Richtigkeit und Notwendigkeit eures Hierseins, im rechten Maß euch vor einer Vielzahl eurer selbstgeschöpften Leiden bewahrt.

Und so gibt es Momente, die euch mit göttlicher Demut in der Liebe in Kontakt bringen. Es sind dies oft eure kostbarsten Erlebnisse.

Demütig und voller Dankbarkeit nimmt die Mutter ihr Neugeborenes in den Arm. Sprachlos, im Angesicht dieses Wunders des Lebens, das ein Teil von ihr ist, und doch nicht von ihr selbst gesteuert wurde.

Demut erfahrt ihr auch angesichts großer Naturkatastrophen, die euch mit nichts, außer dem nackten Überleben zurückgelassen haben. Es sind diese Gewalten, die euch vor Augen führen, dass eure Kontrollsysteme in einem Augenblick zusammenbrechen können und die „Macht" eurer Zivilisation nichts ist im Vergleich zu dieser Kraft. Diejenigen unter euch aber, die bereits in Demut leben, wissen, wann es so weit ist zu handeln.

Sie leben in Einklang mit der Natur und lassen zu, dass Spirit sie an einen anderen Ort führt, im Vertrauen darauf, dass es einen guten Grund dafür gibt.

Und so sind sie „zufällig" nicht zu Hause, wenn der Orkan ihr Dach abdeckt und ihr Heim verwüstet.

Wisset: Es gibt keine göttlichen Strafen. Aber die Kräfte der Natur sind ebenso wie die euren in einer Neustrukturierung begriffen, und deswegen ist es so wichtig für euch zu wissen, wann ihr ohne zu fragen und ohne Angabe von Gründen dorthin geht, wo ihr hingeführt werdet.

Um den Dienst zu verrichten, den das Große Ganze von euch benötigt.

Und ja, manchmal bedeutet das, dass ihr etwas aufgebt, an dem ihr hängt. Dass ihr etwas opfert, das eurem Wachstum nicht dienlich ist. Wehrt euch nicht dagegen, sondern gebt es in Demut auf, in dem Wissen, dass die Fülle Gottes und der Göttin euch mehr als entlohnen wird für eure scheinbaren Entbehrungen. All dies, ihr Lieben, ist nicht von Dauer.

Doch macht hier bitte keinen Fehler. eure Egos sind trickreich im Verwenden vermeintlicher Demut für die Zwecke ihrer Bedürfnisse.

So ist es KEIN Akt der Demut, etwas hinzugeben, von dem ihr glaubt, dass es ein angemessenes Opfer wäre, mit dem berechnenden Gedanken, etwas „Besseres" dafür zu bekommen.

Demut ist kein Tauschhandel, ihr Lieben.

Demut bedeutet, in dem Moment, in dem ihr spürt, dass es an der Zeit ist, etwas, das euch vielleicht lieb und teuer ist, das aber euer Seelenwachstum behindert, hinzugeben, ohne Bedingungen daran zu knüpfen. Denn wisset: Ohne das rechte Maß an Demut wird euch eure göttliche Macht nicht im vollen Umfang zurückgegeben. Das Maß eurer Demut ist ausschlaggebend für eure Fähigkeit, mit wahrer Macht umzugehen.

Göttliche Demut in Liebe bewahrt euch vor Machtmissbrauch. Und wenn ihr dereinst Zugang zu eurer wahren Größe erlangt, werdet ihr meine Worte im vollen Umfang verstehen. Sie könnte euch überwältigen, diese Macht, und berauschen. Und so ist es die Demut in der Liebe, die ihr benötigt, um zu wissen, wann ihr von eurer Macht Gebrauch macht und wann nicht.

Dies schließt alle Bereiche eures Seins ein: die Macht zu heilen und zu zerstören. Die Macht, Leben zu schöpfen und in die Zyklen der Natur selbst einzugreifen. Die Macht, gewaltige Energiesequenzen zu lenken und zu leiten.

Ohne Demut würde euch eure eigene Macht zerstören. Und die Welt, in der ihr lebt. Und so wisset: Die Prüfung eurer Liebesfähigkeit in Demut wird immer mit euch sein. Mit jedem Zuwachs eurer Kraft und Macht. Denn Gott und die Göttin werden nicht zulassen, dass ihr euch selbst und das Juwel, auf dem ihr lebt, zerstört.

Noch einmal: Demut ist kein Gehorsam. Gehorsam ist blind. Doch Demut setzt eine Erkenntnis voraus, die aus den Weiten eures Herzens wächst.

Die Erkenntnis, dass die Liebe Gottes und der Göttin so allumfassend ist und in ihrem Ausmaß so überwältigend, dass es euren Brustkorb sprengen würde, wolltet ihr sie vollkommen fassen.

Die Demut erwächst aus der Erkenntnis, Teil dieser

Liebe zu sein und sich dem Fluss dieser Liebe hinzugeben.

Und ihr zu dienen.
Mit all eurem Sein.

Die Lektionen der Liebe sind nur scheinbar getrennt voneinander. In Wahrheit sind sie miteinander verwoben und untrennbar verbunden. Die Demut „durchdringt" alle Lektionen der Liebe, so, wie es auch die Treue tut.

Die Stufen auf der Leiter sind nicht zufällig, und eine Lektion baut auf der anderen auf. Und doch braucht ihr sie alle, um Liebe wahrhaftig zu erleben.

Reine, grenzenlose Liebe.

Demut bringt euch in Kontakt mit der Größe Gottes und der Göttin im Verhältnis zu der euren.

Demut lässt euch spüren, dass ihr wahrhaft Kinder des ALL-EINEN seid.

Und Demut bringt euch an die Schwelle zu wahrer Bereitschaft. Der Bereitschaft, eure irdischen Wünsche und Bedürfnisse aufzugeben, um sie durch eure göttlichen Wünsche und Bedürfnisse ersetzen zu lassen.

Dies bedeutet, dass ihr aus der tiefen inneren Gewissheit heraus handelt, dass ihr und euer Leben nur dann in Balance sein könnt, wenn ihr dem Weg eurer Seele zu jedem Zeitpunkt und in jedem Moment eures Lebens folgt.

Die Demut, ihr Lieben, bewahrt euch nicht vor der wachsenden Verantwortung.

Der Pfad, auf dem ihr wandelt, der Pfad der Meisterschaft, ist ein sehr schmaler Grad, und jeder Schritt will wohl gesetzt sein: Denn mit zunehmender Bewusstheit nimmt auch die Bedeutung eines jeden eurer Schritte zu.

Ihr hinterlasst tiefere Abdrücke, ihr Lieben, und tragt Verantwortung für euer Handeln. Und dies ist ein entscheidender Unterschied zum blinden Gehorsam. Ihr werdet immer und ausnahmslos die Wahl haben, ihr Lieben.

Aber erst, wenn ihr euer Herz und euer Sein in seiner Gänze in das Herz und das Sein Gottes und der Göttin gebt, können sich gewisse Türen für euch öffnen. Die Türen zu den Geheimnissen des Lebens selbst, und für jeden von euch gibt es „den richtigen Zeitpunkt".

Demut lässt euch dieses erkennen.

Für bestimmte Fähigkeiten des Geistes braucht es ein hohes Maß an Verantwortung, wenn ihr euch für den rechten Pfad entschieden habt.

Den Pfad der Liebe in Gott und der Göttin. Der Pfad, der euch in höherem Maße Schutz und Führung angedeihen lässt.

Doch wisset: Es gibt auch andere Pfade, die rasantes Wachstum versprechen, und eine „schnelle" Entwicklung eurer Fähigkeiten als Meister der Materie.

Prüft alles, was euch begegnet, sehr genau, ihr Lieben. Und wenn ihr in den Dingen nicht die Schwingung der Liebe Gottes und der Göttin erkennen könnt, wenn sie euch nicht im Herzen berühren, dann lasst ab. Lasst ab.

Es sind einige Prüfungen vorgesehen auf dem Pfad des Lichts. Und ihr werdet sie alle bestehen, wenn ihr lernt, in Treue und Demut zu sein. Lasst euch nur davon leiten, und ihr werdet der Versuchung der schnellen Macht- und Einflussnahme widerstehen und nicht wanken.

Und das ist es, was in dem Satz steckt: Viele sind berufen, aber nur wenige sind auserwählt.

Denn oft werdet ihr keine „Belohnung" sehen auf eurem Weg. Die „Belohnung" ist der Friede in eurem Herzen und eurem Sein, wenn ihr euch nachts zur Ruhe legt, ihr Lieben.

Doch wisset: Die Geschenke der Freiheit und Grenzenlosigkeit werden euch zuteil werden. Und dies war schon immer euer Ziel. Gebt nicht auf. So kurz vor dem Ende!

Bitte, ihr Lieben, geliebte Wesen. Gebt nicht auf. Denn nichts ist kostbarer als der Moment, in dem eine Seele wahrhaftig zurückkehren kann, im vollkommenen Bewusstsein ihres Seins in die Freiheit.

Lasst die Demut in euer Herz und nehmt ihr Geschenk des Schutzes vor so vielen Stolperfallen auf dem Weg dankbar und in dem Wissen an, dass ihr ankommen werdet.

Ihr werdet ankommen, und ich werde euch begleiten und begrüßen. Denn mein Herz ist mit eurem seit über 2000 Jahren verbunden.

Die Demut, ihr Lieben, ist eine Lektion, die ein großes Geschenk ist.

Nehmt es an, und euch kann nichts geschehen.

In Liebe war und bin ich bei euch. Und in Liebe werde ich es sein.

Amra nuber assai.
Ich bin Maitreya.

Meditation

Geht in die Ruhe.

Atmet tief ein und aus und geht in euer Herz. In eure Blume des Lebens, die mittlerweile euer wahres Zuhause ist.

Spürt die Ruhe im Zentrum eures Seins und blickt euch um.

Rechts vor eurer Blume erkennt ihr eine Tür. Sie ist klein und aus grobem Holz, das sehr alt zu sein scheint. Und doch strahlt sie Vertrautheit aus. Geht auf diese Tür zu und öffnet sie.

Vor euch ist ein kleiner Raum. Er ist vollkommen schlicht und unmöbliert.

Am Ende in der Mitte der Wand, die der Tür gegenüberliegt, ist ein Altar.

Es ist der Altar eures Herzens, und ihr dürft euch ihm nähern. Spürt die schlichte Heiligkeit dieses Raums und eures Altars und schreitet auf ihn zu.

Kniet nieder vor eurem Altar, legt eure Hände aneinander, und wenn ihr bereit seid, dann sprecht in vollkommener Liebe die Worte:

„Gottvater und Mutter. Ich komme zu euch am Altar meines Herzens als euer Kind in Liebe. Bitte gebt mir Demut, damit ich nicht wanke auf meinem Weg der Liebe. Ich bin bereit zu dienen. In Liebe. Amen."

Legt eure Stirn auf euren Altar und schließt die Augen. Und spürt, wie die Wellen der Liebe Gottes und der Göttin euren Körper durchfluten und euren Weg segnen.

Bedankt euch und steht auf. Und wisset: Dies ist euer Heiligtum.

Wann immer ihr im Zweifel seid, kommt hierher und betet. Denn hier werdet ihr direkten Zugang zu Gott und der Göttin erhalten.

Seht in eure Hand. Es befindet sich eine wunderschöne Blume darin. Legt sie auf euren Altar, als Zeichen der Liebe und Dankbarkeit.

Und wenn ihr so weit seid, geliebte Kinder des Vaters und der Mutter, begebt euch voll Vertrauen und Zuversicht zurück in euer Leben.

Und wisset: Euer Dienst hat begonnen.

Amra nuber assai.
Ich bin Maitreya.

Kapitel 4

Seid gegrüßt, meine Lieben. Ich bin Maitreya.

Die Freude, zu euch zu sprechen, ist unermesslich groß. So unermesslich groß.

Ihr, die ihr dieses lest, seid eingebunden in einen Prozess, der so wunderschön und bedeutend ist, und doch seht ihr oft noch nur die Schatten in eurem Leben.

Die Liebe, ihr Lieben, ist der rote Faden, der euch führen wird, und ihr seid schon jetzt untrennbar an ihn gebunden, wart es immer und werdet es immer sein. Und so komme ich nun auf die vierte Lektion der Liebe zu sprechen. Die Lektion, die in euch Sehnsüchte nach längst vergangenen Zeiten weckt.

Die Lektion, die die Erinnerungen an euer wahres Zuhause, fern der Erfahrungen der Dichte, lebendig werden lässt.

Die vierte Lektion der Liebe lautet

Reinheit

Die Reinheit, ihr Lieben, bedeutet die Erfahrung der Liebe in ihrer Absolutheit, ohne „Verfärbungen" oder Prägungen von außen erleben zu dürfen.

Die Reinheit der Liebe wird symbolisiert durch die Unschuld und ist für euch ein Paradoxon. Denn ihr alle lebt in dem Glauben, eure Unschuld und somit eure Reinheit verloren zu haben.

Durch ach so viele Leben, Gedanken und Taten. Und Unschuld und Reinheit sind in eurem Verständnis Qualitäten, die man nur verlieren, nicht aber erlangen kann. Und damit, ihr Lieben, habt ihr recht. Doch ich werde euch ein Geheimnis verraten: Eure Reinheit. Eure Unschuld. Niemals habt ihr sie verloren. Niemals wurde sie euch genommen. Niemals. Denn ihr seid Abkömmlinge Gottes und der Göttin und somit in Wahrheit: UNBERÜHRBAR.

Was mit euch geschehen ist, sind Ummantelungen eurer Reinheit und eurer Unschuld, die immer noch tief in euch verborgen sind und auf ihre „Wiedererweckung" warten. Ihr seht diese Wahrheit in jedem Neugeborenen. Denn ungeachtet ihrer Vorleben kommen diese Wesen vollkommen rein und unschuldig auf diese Welt. Und vollkommen hilflos.

Und so ist es lange Zeit gewesen auf eurer Seinsebene. Die Unschuld und die Reinheit wurde für kurze Zeit von euch repräsentiert. Als Säuglinge und kleine Kinder, bis zu dem Moment, in dem „von außen" jemand kam und euch diese Unschuld und Reinheit wieder „genommen" hat.

Dem Moment, in dem eure klaren Wasser „getrübt" wurden und ihr diesen Teil eures Seins in den tiefsten Tiefen eures Selbst verborgen habt. Und dennoch: Mit jedem Leben, jeder Inkarnation, war sie wieder da: die Reinheit und die Unschuld - und die Hilflosigkeit.

Doch, ihr Lieben: Die Reinheit und die Unschuld. Sie sind nicht hilflos. Hilflos sind eure Kinder, die ihr als junge Wesen zu schützen habt. Reinheit und Unschuld sind ewig und unvergänglich, und diese Wahrheit sollte euch durch euren karmischen Zyklus bewusst werden.

Ihr lebt und sterbt. Und kehrt nach Hause. Dort legt ihr die Ummantelung eurer Reinheit ab, um neu zu inkarnieren. Und mit jedem Leben leuchtet diese Reinheit und Unschuld stärker aus euch heraus. Und dies sind die Leben der größten Prüfungen eurer Reinheit und Unschuld, und somit eurer Liebe. Lasst mich das genauer erklären.

Reinheit und Unschuld, gepaart mit wahrhaftiger Macht, sind es, die euch zu Meistern eurer Seinsebene machen. Reinheit und Unschuld, gepaart mit Unwissen und Hilflosigkeit, sind es, die euch zu Kindern dieser Seinsebene machen.

Seht ihr den Unterschied, ihr Lieben? Versteht ihr nun den Satz des Meisters Jesus: Werdet wie die Kinder?

Es ist eure Aufgabe, die Reinheit und die Unschuld, die ihr als Kinder besessen habt, zu erwecken. Umgeben von einem Mantel an Weisheit und Erfahrung, der verhindert, dass ihr sie erneut „vergraben" müsst. Und der verhindert, dass Kräfte von außen eure Reinheit erneut „bedecken".

Dies, ihr Lieben, ist euer „Kampf" des Lichts mit der Dunkelheit. Und ihr könnt ihn nicht verlieren. Denn eure Reinheit ist unantastbar. UNANTASTBAR.

Es ist die Illusion des Verlustes, die ihr erkennen müsst. Noch einmal: NIEMALS habt ihr eure Reinheit verloren. NIEMALS eure Unschuld. Es gibt keine Macht, die euch eurer Göttlichkeit berauben könnte. ABER: Ihr habt die Wahl, euch von Lügen blenden zu lassen.

Und so werde ich euch die Wahrheit erzählen. Die Wahrheit vom uralten Spiel zwischen Licht und Dunkel.

Das Spiel von Licht und Dunkel. Es spiegelt sich in eurem Tag und eurer Nacht. Es spiegelt sich in euren Jahreszeiten und euren Tag- und Nachtgleichen. Beobachtet diese Punkte in eurem Jahr, und die Tore zu eurem alten Wissen werden sich weit für euch öffnen.

Dies alles sind Spiegel des Spiels der Energien, und

sie sind ohne Wertung. Denn bis zu einer gewissen Ebene des Seins braucht das Licht das Dunkel, um seine Strahlkraft zu entwickeln, und das Dunkel braucht das Licht, um seine kostbaren Geheimnisse zu offenbaren.

Die Wertung kommt erst durch die Begriffe des Guten und des Bösen, ihr Lieben. Die Wertung ist es, die das Spiel zu eurer Prüfung macht.

Und hier ist die Wahrheit, wie sie sich vor langer Zeit zugetragen hat. Wie die Einheit sich teilte, um die Erfahrung des Lichts und der Dunkelheit zu erschaffen.

Die Quelle allen Seins. Sie ist absolutes Licht und absolute Dunkelheit zugleich. Und das zu verstehen, ihr Lieben, ist euch nicht möglich.

Diese Wahrheit liegt jenseits eures Vorstellungsvermögens, da ihr nur polare Beziehungen verstehen könnt. So muss es zu einem Innerhalb ein Außerhalb geben, zu Licht das Dunkel.

Die Quelle allen Seins jedoch ist nichts davon und alles zugleich. Absolutes Bewusstsein und vollkommene Unbewusstheit. Das Potenzial zu allen nur denkbaren Welten und Seinsformen und deren Nichtexistenz zugleich. Versucht nicht, es zu begreifen. Ihr könnt es nicht. Deswegen wird unsere gemeinsame Reise auch nicht bei der Quelle allen

Seins beginnen, sondern viele, viele Stufen jenseits dieses Ursprungs. Bei der Erschaffung eures Sonnensystems.

Ein Sonnensystem, ihr Lieben, wird geschaffen von bereits differenzierten Personifikationen der Quelle. Gottvater und Gottmutter, wenn ihr so wollt.

Die Erschaffung eines Sonnensystems unterliegt einem alles überstrahlenden „Erfahrungsthema", in dem sich Gott und die Göttin in ihrer Unterscheidung voneinander und in ihrer Einheit miteinander erfahren möchten.

Die Unterteilung in ein männliches und ein weibliches Prinzip wird auf dieser Stufe vorgenommen und ist ein Mittel, um ein und dasselbe „Thema" aus unterschiedlichen Perspektiven zu erleben. Die Unterteilung in ein männliches und ein weibliches Prinzip ist aber auch die Voraussetzung zur Schaffung von Leben.

Nun ist es Gott und der Göttin durchaus möglich, selbstständig Leben zu schaffen — innerhalb eines Universums oder Sonnensystems. Denn die Göttin trägt den männlichen Funken in sich, ebenso wie Gott den weiblichen. Ein Sonnensystem als Ganzes jedoch benötigt zu seiner Erschaffung die gesamte Kraft Gottes und der Göttin, im Tanz der Schöpfung miteinander vereint.

Die Göttin symbolisiert das Tor, durch das jegliches Leben ins Sein tritt und aus diesem auch wieder hinaus.

Ihr kennt dies als das Prinzip der weißen und schwarzen Löcher. Gott ist die Kraft, die durch diese „Pforten" tritt. Er ist der aktive Formgeber. Und auch die Kraft, die die Form zurück zu ihrem Ursprung trägt: zur Göttin.

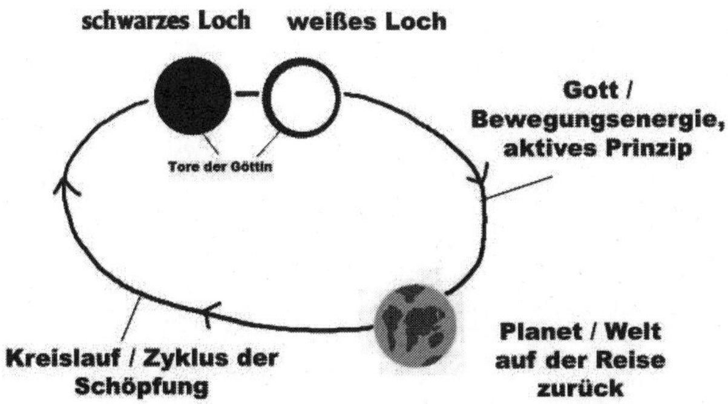

So bezeichnet das weibliche Prinzip Licht (weißes Loch) und Dunkel (schwarzes Loch) zugleich, während Gott sozusagen die Bewegungsenergie durch dieses Licht und dieses Dunkel darstellt.

Beim „Durchtritt" aus einem weißen Loch nimmt die aktive göttliche Energie Energie von der Göttin auf, die es braucht, um jegliches System mit Leben zu versehen. So ist es also letztendlich die Göttin, die jegliches Leben spendet und es auch wieder aufnimmt am Ende der Reise.

Gott ist sozusagen das Transportmittel, die aktive Kraft, um das Lebenspotenzial der weiblichen Kraft an Ort und Stelle zu „wecken".

Und hier beginnen die Schwierigkeiten eures Verständnisses des männlichen und weiblichen Prinzips, denn die Göttin ist die eigentliche Schöpferin allen Seins. Gott ist der Formgeber und der Lebensfunke.

Und hier wurzelt auch die zutiefst verwurzelte Urangst auf eurer Seinsebene vor dem weiblichen Prinzip. Denn tief in eurem Inneren wisst ihr um diese Dinge. Und ihr wisst um die wahre Macht der weiblichen Göttlichkeit. Und ihr habt sie auf eurem Planeten geknechtet und geknebelt, aus Angst vor ihrer Dunkelheit. Ohne zu sehen, dass sie ebenso das Licht ist.

Denn Licht und Dunkel. Beides ist die Göttin.

Gott ist die Kraft, die das Licht zum Dunkel transportiert. Und so kommt es, durch das Missverstehen dieser Prinzipien, dass es in manchen Sprachen "die Sonne" und in anderen "der Sonne" heißt.

Die Sonne, ihr Lieben, ist beides. Das Licht der Sonne ist reine weibliche Energie. Die Sonnenstrahlen, die zu euch dringen, werden von der männlichen Energie zu euch transportiert, um das Dunkel (die Erde/den in ihr schlummernden Samen) zu befruchten. Und so schließt sich der Kreis und neues Leben entsteht: aus weiblicher Energie, die über die männliche Energie mit ihr in Kontakt gebracht wird, um neues Leben zu kreieren.

Und so ist die Göttin das Wasser und das Feuer zugleich. Gott ist die Kraft, die diese Energien in Bewegung versetzt. Wobei in euren Elementen verschiedene Anteile von männlicher und weiblicher Energie vorhanden sind. So ist im Feuer sehr viel männliche Energie enthalten, da das Holz sehr viel von dieser „Transportenergie" gespeichert hat. Das Licht selbst jedoch ist weibliche Energie.

Versteht ihr das, ihr Lieben? Könnt ihr das akzeptieren und beginnen, Platz und Raum zu schaffen für die Kraft der Weiblichkeit und der Göttin in euch und in eurer Welt?

Und so sind auch das Licht und das Dunkel zwei Seiten der gleichen Kraft. Der Göttin, ihr Lieben. Gottvater ist es, der das Bewusstsein gibt, um dieses zu verstehen.

Er ist die reine Energie des Äthers, die geistige, befruchtende Kraft. Die Energie, die die Elemente in ihrer Bewegung hält, damit sie nicht sofort zu ihrem Ursprung, ihrer Mutter, der Göttin, zurückkehren.

Und so ist das Prinzip des Lichts:

Die Göttin, durchdrungen von aktiver männlicher Kraft, durchdrungen von Gott. Licht ist das Symbol vom Tanz der Schöpfung in seiner Vollendung.

Das Dunkel ist die Ruhe dieses Tanzes. Der Ort und Seinszustand. Wo das aktive Prinzip nicht ist, aber alle Dinge in ihrer Anlage bereits existieren. So ist Gott der Lichtbringer und die Göttin das Sein in ihrer ursprünglichen Form, während Gott „entscheidet", wie und wo er diese Form „lebendig" werden lässt.

Und so, ihr Lieben, ist euer Kampf des Lichts mit der Dunkelheit eine Illusion. Es ist der Kampf der aktiven Kraft gegen die Formlosigkeit. Da Licht selbst jedoch weiblich ist, bekämpft euer scheinbar männlicher Anteil die Göttin in euch, und dies, ihr Lieben, beschattet eure Reinheit und Unschuld mehr als alles andere in eurer Seinsebene.

Eure innere Dunkelheit sind einfach die Teile in euch, die noch nicht vom Licht berührt wurden. Die in all ihrem Potenzial noch schlummern. Und das Licht in euch entscheidet, was ihr aus dieser „Dunkelheit" heraus schöpfen werdet.

Versteht ihr das, ihr Lieben?

Habt ihr Angst vor euren Tiefen und somit vor eurer Weiblichkeit, oder seid ihr bereit, Freude und Erfüllung für euch und eure Welt aus dieser Dunkelheit, in der jegliches Potenzial angelegt ist, zu erschaffen?

Der Schlüssel hierzu liegt in der Reinheit eures Herzens, ohne die ihr nicht Meister über eure „niederen" Triebe werden könnt, und auch sie „schlummern" in eurer Dunkelheit.

Sie sind das, was ihr als „das Böse" bezeichnet, und sind doch nichts anderes als Münzen, die ihr noch nicht von eurem Licht habt aktivieren lassen.

Nun gibt es verschiedene Arten von Dunkelheit, ihr Lieben.

Es gibt zum einen das Dunkel des schwarzen Lochs, das die Göttin ist, die das Leben selbst am Ende der Reise in Empfang nimmt, um es an seinen Ursprung zurückzubringen.

Und es gibt das Dunkel der Nacht, das das Dunkel des Alles ist, und dies, ihr Lieben, ist nicht die Göttin, sondern es ist die Quelle selbst. Die Quelle ist überall und nirgends. In ihr sind alle Dinge existent und nicht-existent.

Es braucht die „Tore der Göttin" um einen Lebenszyklus zu starten. Das, was aber zwischen allen Schöpfungen liegt, ist das reine, undifferenzierte, göttliche Bewusstsein. Weder Gott noch Göttin, und dies, ihr Lieben, ist ein Schlüssel, der euch viele eurer Fragen, die ihr bezüglich eures Mitschöpfertums habt, beantworten wird. Denn nichts existiert außerhalb der Quelle, auch wenn wir alle uns auf der Reise zurück zu ihr befinden.

Ihr werdet fragen, was das alles mit der Reinheit und Unschuld in eurem Herzen zu tun hat? Habt Geduld, ihr Lieben, ich werde bald darauf zurückkommen. Es bedarf aber des Verstehens gewisser Zusammenhänge der Schöpfung und des Schöpfens selbst, damit ihr verstehen könnt, wer ihr tatsächlich seid.

Ein Sonnensystem besteht immer aus Sonnen, um die herum die Planeten dieses Systems kreisen. In eurem Fall ist es nur eine Sonne, und dies, ihr Lieben, sagt etwas über das „Thema" eures Erfahrungszyklus aus.

Das Vorhandensein nur einer einzigen Sonne bedeutet: Euer Erfahrungsbereich kann nur in einer Realität stattfinden. Existieren mehrere Sonnen, bedeutet es, dass ein „Thema" zeitgleich auf unterschiedlichen Ebenen bearbeitet und „abgespielt" wird.

Eine Sonne bedeutet eine einzige Realitätsebene und somit: ein einziger Versuch.

Das wiederum bedeutet: Es sind keine Korrekturen möglich. Dies ist zum Teil ein Grund dafür, dass gerade eure Erfahrungsebene und Entwicklung von so großer Bedeutung sind, da es keine „Ausweichebene" gibt, auf die zurückgegriffen werden kann, sollte eure Erfahrungsebene in „falsche" Bahnen geraten.

Die Sonne ist die Schaltstelle für alle Erfahrungen, die in einem Sonnensystem gemacht werden. Sie ist sozusagen der zentrale „Rechner", der mit allen Planeten und deren Logoi und teilweise direkt mit den Bewohnern in interaktivem Kontakt steht.

Ein anderer Grund, warum gerade ihr, die Bewohner der Mutter Erde, von zentraler Bedeutung seid, ist die Beschaffenheit eures Seins selbst.

Und dies, ihr Lieben, steht in Zusammenhang mit euren Mythen und Legenden von alten Göttern und dem Fall der Menschheit. Ich werde euch ein wenig Licht in diese Mythen bringen.

Nur so viel, wie es braucht, damit ihr eure Bedeutung besser verstehen könnt. Denn dies, ihr Lieben, ist kein Buch über die Chroniken des Alles.

Es soll nicht euren Verstand mit noch mehr Informationen füttern. An erster Stelle steht euer Herz, eure Heimat. In die zurückzukehren ihr geschworen und gelobt habt.

Es ist das gelobte Land, und wenn ihr dort angekommen seid und euch verankert habt, wird das Wissen, das euch noch fehlt, um vollkommen zu verstehen, zu euch kommen.

Und ihr werdet wieder sein, was ihr im Ursprung wart: reine und freie Abbilder Gottes und der Göttin, die eure wahrhaftigen Eltern sind.

Öffnet euer Herz für die Wahrheit eurer Herkunft und eures Seins und seid bereit für das unerschöpfliche Licht, das in eurem Herzen nun geboren werden will.

Was bedeutet das nun, dass ihr wahrhaftige Kinder Gottes und der Göttin seid, ihr Lieben?

Lasst uns gemeinsam an den Ursprung zurückkehren. Zur Erschaffung der Menschheit in ihrer ursprünglichen Form.

Euer Planet, ihr Lieben, trägt in seinem Inneren die reine Energie der Göttin. Es ist dies ein fast ausschließlich weiblicher Planet, denn das Thema eurer Erfahrungsebene ist und war die Liebe. Und der ursprüngliche „Zweck" eures Planeten war, ein Juwel der Liebe in der Materie zu sein.

Ihr seid die Kinder dieser Liebe, und zu eurer Erschaffung im Ursprung nahm die Göttin einen Samen aus ihrem Herzen und gab ihn in das eure.

Dieser „Same" ist eure ursprüngliche Signatur als wahrer Mensch. Und dieser Same ist das Wort, das am Anfang war. Es ist euer wahrer Name als Mensch. Gottvater gab euch den „Atem des Lebens", indem er seine „Bewegungsenergie" durch eure Lippen blies und diesen Samen befruchtete. Doch dies, ihr Lieben, ist noch nicht alles. Es betrifft eure Schöpfung als Menschen. Doch die meisten von euch, und insbesondere diejenigen unter euch, die dieses lesen, haben eine andere Abstammung.

Dennoch sind sie nicht weniger göttlichen Ursprungs. Denn: JEDER Mensch, mit wenigen Ausnahmen, zu denen ich später noch kommen werde, trägt diesen göttlichen Samen in seinem Herzen. Und dieser Same ist der Grund dafür, dass ihr tatsächlich eure Realität und eure Erfahrungen selbst erschafft.

Der göttliche Same macht euch zu Schöpfern, ihr Lieben. Denn alle Wesen, die die Macht haben, zu erschaffen und zu schöpfen, stammen von den Schöpfergöttern, der Mutter und dem Vater ab. OHNE AUSNAHME, ihr Lieben.

Einige von euch begannen ihre Seelenreise genau hier. Auf eurem Planeten. Es sind dies vor allem eure Naturvölker, die in besonderer Art und Weise mit Mutter Erde verbunden sind. Denn sie waren hier vom Anbeginn der Erdenreise und erfüllen eine besondere Aufgabe. Sie sind unter anderem Hüter bestimmter Energien, und sich der Reise der Menschheit auf eurem Planeten vollkommen bewusst. Wenn ihr auch oft nicht in der Lage seid, ihre Geschichten zu verstehen, ihr Lieben.

Eure Naturvölker, und insbesondere diejenigen, die ihre Wahrheit bewahren konnten, stellen bestimmte Tore dar, ähnlich den Himmelsrichtungen, die zu öffnen ihre Aufgabe sein wird, sollte die Menschheit als Ganzes den Weg der Liebe beschreiten.

Nun haben viele von euch Verbindungen zu diesen Naturvölkern, insbesondere zu den Indianern des nord- und südamerikanischen Kontinents, und viele von euch haben einige Inkarnationen mit und unter ihnen verbracht, um von ihnen zu lernen. Insbesondere, wenn eure Seele sich in der Aufstiegssäule bewegt, ist die Weisheit der Naturvölker von unschätzbarem Wert für euer Seelenwachstum. Denn unter ihnen befinden sich wahrlich Meister der Elemente.

Eure Naturvölker bilden sozusagen die Säulen und den Rahmen für den Aufstieg der Menschheit, da sie die ersten Menschen waren und verbunden sind mit der Urkraft der Elemente eures Planeten. Sie bilden sozusagen das Gefäß, durch das die Menschheit in die nächste Dimension gehen wird, und symbolisieren für den großen Plan der Menschheit die Urkraft der Weiblichkeit.

Die Göttin selbst, ihr Lieben, die über all die Jahrtausende in euren Naturvölkern lebendig war.

Die Naturvölker nehmen eine Sonderstellung ein, da es wichtig war, dass sie ihre „Ursprünglichkeit" bewahrten und nicht in dem Ausmaß an der Geschichte und den Zyklen eurer Menschheitsgeschichte teilhaben wie ihr, ihr Lieben. Und dies liegt in ihrer besonderen Funktion als Hüter der ursprünglichen Erdenergien, der Energien der Göttin, begründet. Und so gibt es diejenigen unter ihnen, die niemals eine Ummantelung ihrer Reinheit und Unschuld erfahren haben und die Träger bestimmter göttlicher Energien sind, die sie an ihren Nachfolger übergeben. Sie vollbringen einen großen Dienst an der Menschheit, und die Träger dieser Energien wissen um ihre Bedeutung und ihre Aufgabe im großen Plan, ihr Lieben.

Es gibt eine weitere „Familie" der Menschheit, die vom Anbeginn eurer Reise dabei war, ihr Lieben, und eine besondere Funktion und Aufgabe durch alle Zeiten vom Anfang bis zum Ende innehaben. Diese Familie ist die Familie der Juden.

Wenn die Naturvölker die Säulen oder die Wand des Gefäßes, in dem sich die Menschheit „befindet", darstellen, bilden die Juden den Boden. Sie haben unter anderem die Aufgabe, den ursprünglichen „Auftrag" der Menschheit zu behüten und zu bewahren. Sie sind die Chronisten der Zyklen eurer Menschheitsgeschichte und die Träger der Energie des „Vaters". In seiner ursprünglichen Form. Und den meisten unter ihnen ist dieses nicht bewusst, ihr Lieben. Denn die Familie der Juden trägt diese Informationen in ihrem Blut. In ihren Genen. In ihnen ist der Bauplan und die Blaupause des Adam Kadmon enthalten, und das Volk der Juden hatte und hat die Aufgabe, die „Energie des Vaters” zu halten und sie nun, da sich euer Spiel dem Ende zuneigt, in ihrer ursprünglichen Form an die Menschheit zu übergeben.

Auch unter dem Volk der Juden gibt es diejenigen, die um ihre Bedeutung wissen. Doch die meisten zeichnet das Gefühl aus, „etwas Besonderes” zu sein, und, ihr Lieben: Sie sind etwas Besonderes, die Juden. Sie sind die „männliche Blutlinie“ eures Planeten, und das ist einer der Gründe, warum sich dieses Volk schon immer gegenüber anderen Völkern abgegrenzt hat. Warum sie so hartnäckig auf die „Reinhaltung” ihres Volkes bestanden haben, und warum sie im Verlauf eurer Geschichte immer wieder angegriffen und verfolgt wurden. Das Volk und die Familie der Juden ist Träger der Chroniken eurer Zeitalter – aller Zeitalter, ihr Lieben.

Denn auch die Juden waren von Anfang an dabei. Sie bilden das Fundament, auf dem der dritte Tempel, der Tempel der Liebe der Menschheit, errichtet werden kann.

Und so kommen wir zur dritten Gruppe, zum Inhalt des Gefäßes.

Zu euch, ihr Lieben, die ihr nicht annähernd so leicht zu beschreiben seid. Denn die meisten von euch, die ihr dieses lest, stammen nicht von der Erde. Eure Herkunft ist so vielfältig wie das Sein selbst. Es gibt hochentwickelte Geschöpfe von anderen Sternensystemen unter euch. Engel und ja, auch Wesen aus den feineren Dimensionen und Welten: Feen und Elfen und „Naturgeister". Einige von euch sind fleischgewordene Urkräfte, und all dies auszuführen würde den Rahmen und die Absicht dieses Buches sprengen.

Ihr werdet euch erinnern. Zu gegebener Zeit, ihr Lieben. Denn um zu verstehen, wer ihr wirklich seid und warum es euch so unmöglich ist, euch zu erinnern, bedarf es der Erinnerung an ein für euch sehr schmerzhaftes und traumatisches Geschehen eurer Geschichte. Die Juden tragen in sich die Geschichte, wie sie sein sollte.

Vom „Fall" aus dem Paradies, der den Eintritt in die Dritte Energiedichtedimension bedeutet. Der Baum der Erkenntnis von Gut und Böse ist ein Symbol für die Dualität dieser Ebene, die einfach ist und zu diesem Erfahrungszyklus gehört.

In den Chroniken der Juden steht nichts davon, was ich euch nun sagen werde, denn das Volk der Juden ist davon – zu einem gewissen Grad – ausgeschlossen, da ihre Rolle und Funktion auf jeden Fall gewährleistet sein sollte.

Atmet tief ein und aus, ihr Lieben, denn jeder von euch trägt den Schmerz, der zu diesem Geschehen gehört, tief in sich verborgen. Doch zuvor sei euch gesagt: Die Wunden sind fast verheilt, und ihr seid nun bereit, nach so langer Zeit, die Wahrheit über euch zu erfahren.

Doch zunächst möchte ich euch noch erklären, warum ihr hier seid.

Der „Dienst" auf der Erde war immer schon als Möglichkeit für ein großes Seelenwachstum gedacht. Die Erfahrungen in der Dichte und das Durchleben des karmischen Zyklus stellen eine Möglichkeit zum Wachstum dar, den nur wenige andere „Spielfelder" bereitstellen können. So gibt es jene unter euch, die schon sehr bald, nachdem die ersten Menschen auf Erden geschaffen waren, hierher auf dieses Juwel der Schöpfung kamen, um die Materie zu meistern. Es herrschten andere Bedingungen und Spielregeln zu jenen Zeiten, ihr Lieben. Doch jeder Einzelne von euch kam hierher, auf den Planeten Gaia zum einen, um an dieser Erfahrung, der Liebe in der Materie Ausdruck zu verschaffen, teilhaben zu können, zum anderen als „Abgesandte" eurer Seelenfamilien, deren tiefer Wunsch es war, auf diese Art zu wachsen. Ihr habt sozusagen „Schlange gestanden", als der Ruf durch die Weiten des Alles erging, und ihr wurdet gewählt.

Es ist eine große Ehre, ihr Lieben, auf der Erde inkarnieren zu dürfen, denn sie war schon immer ein besonderer „Liebling" der Göttin. So habt ihr zunächst einmal „gewählt", ob ihr in der Familie der Juden oder der der

Urstämme der Menschen „geboren" werden wolltet. Die meisten von euch wählten die Urstämme, und ihr müsst wissen, ihr Lieben, dass dies damals mächtige, gottähnliche Wesen waren. Denn die Bedingungen, in die ihr geboren wurdet, waren andere als heute.

Es gab vier „Urstämme", die in Verbindung zu unterschiedlichen Strahlen Gottes und der Göttin standen und somit unterschiedliche göttliche Qualitäten mitbrachten.

Auch die ersten Menschen — und es waren dies nicht die Menschen eurer Steinzeit, die eure Wissenschaftler als eure Vorfahren „auserkoren" haben–, unterschieden sich von euch, wie ihr heute seid, so sehr, dass ihr sie, würden sie euch begegnen, für Götter halten würdet. Auch sie „erinnerten" sich nicht wirklich daran, wer sie waren, denn sie waren Wesen, geschaffen aus reiner Liebe und göttlich in ihrem Kern. Doch ihre Verbindung zu Gott und der Göttin war unmittelbar, und die Beschaffenheit ihrer genetischen Struktur war eine vollkommen andere. Sie lebten sehr lange, diese Menschen, verglichen mit der Dauer eurer Leben, ihr Lieben. Denn es gab keine Krankheiten zu dieser Zeit und keinen Verfall, wie ihr ihn kennt.

Sie waren göttliche Meister, doch keine Meister der Materie. Denn dies zu werden war ihre Aufgabe. Und so kam es, dass sie die Bedingungen der Dualität in all ihren Gegensätzen erlebten. In dem, was sie umgab und in ihrem Gegenüber. Denn sie wurden „paarweise" geschaffen mit der Aufgabe, dass sich der männliche Aspekt als Spiegel des weiblichen erlebt und umgekehrt. Die Erfahrung in der Materie, ihr Lieben, bedeutet, die scheinbaren Gegensätze als Teile eurer Einheit zu erkennen. Das Schöpfen und Erschaffen fiel ihnen leicht, denn sobald sie das Wesen eines Elements erkannt hatten, konnten sie es sich „zu Diensten" machen.

Ihr seid zum Teil in eurer Abstammung die Kinder dieser Wesen und tragt die Erinnerung an diese Zeiten in euren Genen. Denn eure Gene sind unter anderem wahre Bibliotheken, die zurückreichen bis zum Ursprung des Menschseins. Es geht für euch nicht darum, Details über eurer „Abstammung" ausfindig zu machen, ihr Lieben. Immer mehr werdet ihr auf eurem Weg der Liebe mit den Energien eurer Herkunft in Verbindung treten. Doch dies ist ein Prozess, der sich natürlicherweise entfalten wird. Und so dient auch diese Information dazu, euch einen kurzen Einblick zu gewähren, damit ihr gewisse Gegebenheiten eures Daseins besser annehmen könnt. Geht den Fragen, die sich euch stellen, während ihr dieses lest, nicht allzu sehr nach, ihr Lieben. Es geht um euren Weg, und um nichts anderes. Nehmt die Informationen, die ich euch gebe, in euer Herz, lasst zu, dass sie dort für euch arbeiten, und kümmert euch nicht weiter darum. Euer Herz und eure Seele werden euch auf eurem Weg zu den Dingen, Menschen und Informationen führen, die ihr braucht, um euer Bild zu vervollständigen.

Die vierte Lektion der Liebe ist die Reinheit. Und rein und unschuldig waren die Menschen, die einst auf eurem Planeten wandelten. Sie waren dies nicht nur in ihrem Herzen, sondern ihr ganzes Sein war Ausdruck dieser Reinheit und Unschuld. Makellos waren ihre Körper und von strahlender Schönheit.

Die Linie, von der ich euch berichte, ist die Linie, die euch nach Atlantis führte. Euren sagenumwobenen und verlorenen Kontinent. Es gab mehrere „Urstämme" der Menschen. Doch es ist dieser „Urstamm", der im Zusammenhang mit eurer größten Urverletzung steht.

Jeder „Urstamm" steht in Zusammenhang mit einem bestimmten „Schöpfungsstrahl" Gottes und der Göttin, und Atlantis stand in direkter Verbindung zum blauen Strahl, dessen unmittelbarste „Themen" Wissen und Macht darstellen.

Atlantis hatte eine lange Blütezeit, und zu seinem Höhepunkt waren Wissen und Macht, gepaart mit göttlicher Liebe, im Gleichgewicht und somit im Dienste Gottes und der Göttin, zu deren Ehren die Atlanter mächtige Tempel errichteten.

Doch es geschah etwas, das im großen Plan des Alles nicht vorgesehen war. Einige sehr mächtige Priester und Wissenschaftler kamen in Kontakt mit der Schattenseite von Wissen und Macht. Sie „vergaßen", dass sie als Wesen eingebunden sind in Alles-was-ist, und ihre Gier nach Macht und Wissen wurde grenzenlos und somit sehr gefährlich. Sie wandelten auf dem Pfad des Egos und vergaßen Treue, Demut und göttliche Wahrhaftigkeit. Mit dem Wissen, das sie besaßen, schufen sie Apparate, die wie Frequenzgeneratoren funktionierten. Ihr Ziel war es, andere Dimensionen zu erforschen, mit Hilfe der Apparate, deren Funktionsweise auf Kristalltechnologie basierte.

Sie taten dies im Geheimen, was gegen die Regeln verstieß, denn Atlantis hatte sehr strenge gesellschaftliche und soziale Strukturen, und alles, was geschah, folgte einem bestimmten Verhaltenskodex. Die Verbindung von Priestern und Wissenschaftlern war ein wechselseitiges Miteinander, da nur die Priester in der Lage waren, die Energien, die die Wissenschaftler für ihre „Apparaturen" benötigten „herunterzuladen".

Es ist sehr schwierig für euch zu verstehen, wie diese hochentwickelte Gesellschaft funktionierte. Und an dieser Stelle möchte ich das auch nicht weiter ausführen. Denn für das, was ich euch erzählen möchte, ist nur wichtig für euch zu wissen, dass es nur einige wenige Menschen waren, die sich im „Reiz der Materie" bereits so weit verstrickt hatten, dass sie ihr Herz vergaßen und damit großes Unglück über sich und die gesamte Menschheit brachten.

Ihr Experiment gelang. Doch durch die immense Kraft, die dadurch freigesetzt wurde, kam es zu einem Riss im damaligen Raum/Zeit-Gefüge, und es entstanden mehrere „Löcher" in den feinen „Schleiern", die zwischen den Dimensionen liegen. Und so geschahen zwei Dinge, die nie geschehen sollten. Das Magnetfeld eurer Erde wurde schwer gestört. Dieses Magnetfeld hat neben den euch bekannten Eigenschaften auch die Aufgabe, euch und euren Planeten vor „Eindringlingen" zu schützen. Denn es sollte von Anfang an sichergestellt werden, dass die Erfahrungsebene auf eurem Planeten und euer karmischer Zyklus ohne „Einmischung" vonstatten gehen kann.

Wie ich euch bereits gesagt habe, bedeutet nur eine Sonne nur einen Versuch, und das machte es nötig, euer Erfahrungsfeld nach außen zu schützen. Nun lebt ihr nicht in einem feindlichen Universum. Aber es gibt vereinzelte Planetensysteme anderer Universen, deren Technologien es ihnen erlauben, die Weiten des Alles zu bereisen, deren emotionale Entwicklung jedoch weit jenseits der euren ist.

Durch das Experiment mit dem Frequenzgenerator wurden diese Wesen aufmerksam auf euren Planeten, und es gelang ihnen, aufgrund der Störungen in den Magnetfeldern und den „Löchern", die im Raum entstanden, zu euch vorzudringen. Was folgte, waren die ersten „Entführungen" durch Außerirdische in der Geschichte der Menschheit. Diese Wesen verstanden nicht, was ihr wart, denn sie sahen euren göttlichen Kern und die unglaubliche Macht, doch ihr Wesen war das des Eroberns und Ausbeutens, und durch ihre überlegene Technologie gelang es ihnen, die gesamte Menschheit, mit wenigen Ausnahmen, zu unterwerfen.

Bis dahin, ihr Lieben, war das Wesen der Menschen von Vertrauen geprägt. Denn ihr lebtet auf einem friedlichen Planeten, der in Überfülle alles bereitstellte, was ihr brauchtet, um zu leben. Es gab wohl bereits niedere Triebe und Gewalt, jedoch nur sehr vereinzelt, denn in eurer Mehrheit lebtet ihr noch vornehmlich die lichte Seite der Dualität. Diese Wesen manipulierten eure DNS auf sehr breiter Basis, denn sie wollten euch zu willfährigen Sklaven machen. Und so kam es, dass mit dieser Vergewaltigung eurer gottgegebenen Natur, mit der Verstümmelung eurer DNS und der Ausbeutung eures Planeten, der Plan Gottes und der Göttin selbst in Gefahr geriet. Der freie Wille, ihr Lieben, ist ein unantastbares Gebot der Schöpfung, und so griffen Gott und die Göttin nicht ein. Doch auf einer anderen Ebene, auf der Ebene des galaktischen Rates, der sich aus mehreren hochentwickelten Meistern zusammensetzt, die jenseits jeglicher kosmischen Zyklen stehen, wurde ein Eingriff beschlossen, da nicht nur die Menschheit und die Erde, sondern das universelle Gleichgewicht in Gefahr war.

Die Sintflut, die in eurem Buch der Bücher erwähnt wird, war Folge der enormen Umwälzungen im Magnetfeld eurer Mutter Erde, und sie bedeutete gleichzeitig das Ende der hochentwickelten Kultur der Atlanter.

Der kosmische Rat griff damals auf mehreren Ebenen ein. Zum einen wurden die Seelen eurer Eroberer zur Teilnahme an eurem kosmischen Zyklus verpflichtet, damit sie durch Erfahrung lernen konnten, was es bedeutet, auf diese Art und Weise in die göttliche Selbstbestimmung anderer Wesen einzugreifen. Zum anderen wurde euer Magnetfeld neu errichtet und ein neuer Plan für die Menschheit als Ganzes erstellt.

Durch die Veränderungen an eurer DNS war es euch nicht mehr möglich, dem ursprünglichen „Plan" zu folgen. Zudem war die Erfahrung unermesslichen und großen Leids nun in euren Seelen gespeichert, und auch dies „verstümmelte" eure direkte Verbindung zu Gottvater und -mutter. Ihr wart noch ebenso verbunden mit Allem-was-ist, aber die Schäden, die in euren Körpern entstanden, machten es euch nicht mehr möglich, dieses zu fühlen. Es ist dies eure größte Urverletzung, die fast jeder Mensch in sich trägt und die nun endlich geheilt werden will, ihr Lieben.

Der Schlüssel hierfür ist die vierte Lektion der Liebe. Wenn ihr in Kontakt mit der Reinheit in eurem Herzen tretet, die niemals berührt werden konnte, fangen eure Zellen an, sich wieder zu erinnern. Und Brücken, die abgebrochen waren, werden neu errichtet. Es ist ein Prozess auf Zellebene, der Hand in Hand geht mit eurem Erwachen in Liebe.

Es war dies die Zeit, als der Kosmische Rat eure Naturvölker einsetzte als Träger der Energien der Mutter und der Himmelsrichtungen, und das Volk der Juden seine außerordentliche Bedeutung als Chronisten und Träger der Energie des Vaters erhielt.

Das Wissen aus Atlantis wurde von einigen wenigen „Unversehrten" bewahrt und nach Ägypten getragen, wo es noch heute gehütet wird und darauf wartet, wieder erweckt zu werden. Andere hochentwickelte Wesen der menschlichen „Urstämme" zogen sich ins Erdinnere zurück, und es wird nicht mehr allzu lange dauern, bis ihr mit ihnen in Kontakt treten werdet und es ein Fest des Wiedersehens geben wird. Denn sie sind ein Teil eurer Familie, der einen anderen Weg gegangen ist als ihr. Auch sie nahmen über die Jahrtausende eine bestimmte Funktion und Rolle ein, doch dieses werde ich an einer anderen Stelle genauer ausführen.

Viele Seelen verließen damals die Erde. Zu traumatisch waren die Erlebnisse, die sie gemacht hatten, und die veränderten Bedingungen schienen vielen zu schwierig, um sie anzunehmen. Ihr, die ihr jetzt Menschen seid, und besonders die Menschen mit „alten" Seelen, die diese Tage miterlebten, habt euch freiwillig dazu entschieden, auf der Erde zu bleiben und sie und euch eurer Bestimmung entgegenzuführen. Denn auf Seelenebene wart ihr nie verstümmelt, ihr Lieben.

Ihr werdet fragen, wie das vonstatten ging und was der Kosmische Rat unternahm? Was die veränderten Bedingungen und das Ziel der Menschheit waren?

Ich werde es euch erklären, ihr Lieben, und auch, was einige von euch aus Liebe auf sich nahmen, um diesen Erdenweg gangbar zu machen.

Die veränderten Bedingungen lagen zum einen in den Veränderungen eurer DNS, die nun nicht mehr in der Lage war, die gleiche Menge an Energie zu halten und zu tragen wie zuvor. Dies ging mit einer Reduktion eurer Hirnleistung einher und der „Teilung" in zwei Hälften. Die Abstammung mehrerer DNS-Stränge führte dazu, dass ihr nur mehr zwei materielle Stränge hattet, die ausreichten, ein Überleben auf Gaia zu sichern, nicht aber, um interdimensionale Erfahrungen zu machen. Und dies bedeutete einen enormen Abfall von Bewusstsein. Euer Magnetfeld wurde auf die Veränderung eurer körpereigenen Felder angepasst, und dies bedeutete eine „Absenkung" der Schwingungsrate um mehrere Oktaven. Ihr wurdet sozusagen auf die „dunkle" Seite der Dualität katapultiert, und das war prägend für die Erfahrungen, die die Menschheit seit dieser Zeit in der Dichte machte.

Der Plan war immer noch, über die Liebe all dies zu transformieren und die Materie zu meistern, aber es war klar, dass es nun sehr viel mehr Zyklen von Zeit in Anspruch nehmen würde als zuvor, da euer Bewusstsein sich nur noch langsam entwickeln konnte. Und so wurden verschiedene Hilfesysteme errichtet und eingebaut:

Das System der Avatare, der Überwachung durch einen planetaren Logos, der Energiepflege durch Wesen, die mit euren Naturkräften verbunden sind, und das der Unterstützung durch verschiedene Engelhierarchien und feinstoffliche Wesen, die euch bei eurem Leben auf der Erde begleiten.

Das Rad des Karmas, das überwacht wird von den Herren des Karmas, war und ist ein „Messinstrument" für die jeweilige Bewusstseinsentwicklung eines Wesens. Denn euer Ziel war der Aufstieg in die nächsthöhere Dimension. Und dies, ihr Lieben, ist erst möglich, wenn ihr eure karmischen Brücken abgebrochen habt und als freie Wesen in Liebe voranschreitet.

Es waren große Seelen unter jenen, die sich damals zum „Hierbleiben" entschieden, und sie nahmen den Auftrag an, diesen neuen Weg der Menschheit für diejenigen zu beschreiten, die folgen würden. Sie nahmen große Teile des Schmerzes und des Leids, das in eurer Atmosphäre hing und sie regelrecht vergiftete, auf sich, um es in Liebe und durch ihren Weg zu transformieren.

Damit sie dieses Leid, das wie ein dunkler Same in ihr innerstes Wesen gesetzt wurde, nicht sofort auf die dunkle Seite der Dualität zog, bekamen sie gleichzeitig noch einen „lichten” Samen, der ihnen helfen sollte, den dunklen zu transformieren. Es war ihre Aufgabe, diesen lichten Samen zu stärken und zu nähren und somit den „dunklen” und das Leid zu transformieren.

Diese Seelen taten es aus Liebe zur Göttin und zu Gott, und sie ermöglichten mit ihrem „Opfer” das Weiterbestehen und die Wiedererstehung der menschlichen Erfahrungsebene. Denn die Dunkelheit, die durch den unermesslichen Seelenschmerz so vieler Wesen entstanden war, hätte ein Weiterbestehen des göttlichen Spiels auf Gaia unmöglich gemacht.

Es waren dies die Ursprünge der sogenannten Lichtarbeiter. Aus ihnen gingen viele der späteren Avatare hervor, und sie sind es, die heute in dieser kritischen Zeit, am Übergang zu einer neuen Seinsebene, das Zünglein an der Waage sind.

Sie tragen das Licht in sich, das es braucht, um das Bewusstsein der Menschheit anzuheben, und sie tragen den Urschmerz der Menschheit in sich, der erlöst werden will.

Es sind die Hexen und Heiler und Priesterinnen und Priester der wahren Lehre, die immer wieder für ihr Licht gestorben sind. Die Helden und Heldinnen eures menschlichen Dramas. Ihr seid es, ihr Lieben. Ihr, die ihr dieses lest und die ihr den Ruf vernommen habt.

Die Zeit ist gekommen, euch an den Anfang dieser Reise und an die besondere Aufgabe zu erinnern, die ihr übernommen habt und an die zu glauben euch so schwerfällt. Zu oft seid ihr für sie gefoltert und verstoßen worden. Zu oft für sie gestorben. Doch dies, ihr Lieben, ist nun vorbei.

Ich bin gekommen, um euch daran zu erinnern und die Fackel in eurem Herzen auflodern zu lassen. Damit ihr jene führen könnt, die dieses so dringend benötigen. Und diejenigen unter euch, die dabei waren, als eure alte Welt unterging und eure jetzige entstand. Denn sie tragen die große Menge an Licht in ihrem Inneren, die es braucht, um das Bewusstsein der gesamten Menschheit anzuheben.

Und so, ihr Lieben, grämt euch nicht, wenn euer Nachbar aus niederen Motiven heraus handelt. Es ist eure Aufgabe und war es von Anfang an, euer Herz zu befreien und die Liebe und das Geschenk eures Lichts erstrahlen zu lassen, um die Herzen aller Menschen zu berühren.

Dies in Gang zu setzen, ist nur jenen möglich, die damals diesen „Auftrag" annahmen. Es weiterzuführen und aufzunehmen ist die Aufgabe der gesamten Menschheit. Denn ihr alle wart und seid Liebe in eurem Kern, und somit sehr ähnlich in eurem Sein.

Doch das Licht zu bringen ist nicht jedem gegeben, ihr Lieben, und deswegen: Erinnert euch. Erinnere dich, geliebte Seele.

Seid bereit, die dunkle Wunde in eurem Inneren zu heilen und die Kraft dieser Heilung der gesamten Menschheit zur Verfügung zu stellen. Viele sind gekommen, nur um diesem bewegenden Schauspiel, das sich nun aus eurer Mitte heraus entfaltet, beizuwohnen. Denn dies ist das Endes dieses Zyklus, der so lange währte. Und das Ende eurer Knechtschaft.

Es ist der Beginn eurer Freiheit, und ihr werdet so sehr geehrt für das Halten und Bewahren eures lichtvollen Samens über alle diese Zeiten hinweg, ihr Lieben.

Und so gibt es jene unter euch, die „von Anfang an" dabei waren, und viele von euch gelobten hierzubleiben, bis zu dem Moment, da der große Plan sich erfüllt hätte. Und das ist eine lange, lange Zeit, in euren Jahren gerechnet, gewesen.

Und es gibt jene unter euch, die damals kamen, als so viele gingen, um den Schmerz aufzulösen und das Licht zu halten in dieser Welt.

Und es gibt jene unter euch, die später kamen, um bei den Geburtswehen, die jetzt anstehen, als „Geburtshelfer" dabei zu sein.

Ihr alle habt eure Sache so gut gemacht, dass sich das Tor für viele, viele „neue" Seelen öffnen konnte, die seit einiger Zeit auf eurem Planeten inkarnieren.

„Neu" bedeutet, dass sie bislang nicht Teil des irdischen Zyklus waren und nicht vertraut sind im Umgang mit dichter Materie. „Neu" bedeutet auch, dass sie nicht eure Urverletzungen in sich tragen. Und wie Kinder brauchen sie die Energie eurer geöffneten und geheilten Herzen, damit sie sich besser zurechtfinden können auf dieser Welt. Denn sie sind gekommen, um dem neuen Zyklus, der nun für euch und Gaia beginnt, beizuwohnen und ihn forzuführen.

Es wird dies ein ähnlicher Zyklus sein wie der eure, mit ähnlichen Regeln, doch unter gänzlich anderen Bedingungen. Die Schwingung, in der sich dieser Zyklus entfalten wird, ist sehr viel höher, als es je auf der Erde der Fall war, und so werden sich vor euren Augen regelrechte Wunder ereignen. Wunder auf einer alltäglichen Ebene, die den „neuen" Gesetzmäßigkeiten entsprechen werden. Und ja. Dies bedeutet Freiheit für euch, ihr Lieben. Nach so langer Zeit. Ihr werdet die Freiheit haben, Abschied zu nehmen von Gaia, die so lange eure Mutter und Gefährtin war. Ihr werdet die Wahl haben, die Weiten des Alles zu erforschen und neue Wege zu beschreiten.

Aber dennoch werden einige von euch bleiben. Und sei es nur, um den Frieden und die neue Art des Seins auf diesem Planeten für eine Weile zu genießen. Und einige unter euch werden hier bleiben, um Teil des energetischen Systems dieses Planeten zu sein.

Doch jeder von euch geht dem Ende einer langen Reise entgegen, und ihr wisst, was zu tun bleibt, geliebte Schwestern und Brüder.

Geht in euer Herz. In die Liebe. In das Zentrum eures Seins und verwandelt die Dinge des alten Seins.

Die vierte Lektion der Liebe ist ein Geschenk der Schöpfung an euch. Ich müsst es euch nicht erarbeiten. Es gibt nichts, was ihr fürchten müsstet. Alles, was ihr tun müsst ist, sie wiederzufinden. Die Reinheit in eurem Herzen, die euch eure Welt mit anderen Augen sehen lässt.

Die Reinheit bringt euch in Kontakt mit dem Staunen des Kindes über die Schönheit der Schöpfung. Die Reinheit und Unschuld in eurem Herzen machen es euch möglich, euer Gegenüber ohne Wertung zu betrachten. Die Reinheit erlöst euch von jeglicher Erwartungshaltung.

Die Wiederentdeckung eurer Reinheit wird euch lehren, eure Liebe zu verströmen. Ohne Bedingungen. Ohne Erwartung. Ohne Angst. Denn ihr werdet wissen und fühlen, dass dies eure natürliche Art zu sein ist. Ihr werdet „vergessen", wie es sich anfühlte, den Zweifel und die Schuldgefühle im Herzen zu tragen, ihr Lieben.

Wisset: All dies war euer Erfahrungsfeld der Sinne. Ihr habt euch nichts „zuschulden" kommen lassen. Ihr habt die Gesetze der Materie und der Dualität studiert, und im

Verlauf eures „Studiums" habt ihr jedes Thema, das eure Seele erforschen wollte, von allen Seiten beleuchtet.

Eure „Sünden", sie sind euch vergeben. In dem Moment, in dem ihr sie begangen habt. Denn auch sie waren Teil eures Spiels, und ihr habt für jede einzige „bezahlt". Fangt an, euch selbst zu verzeihen und anzunehmen, was und wer ihr seid.

Fangt an zu fühlen, dass ihr eins seid mit euren Brüdern und Schwestern, und ihr werdet nicht mehr in der Lage sein, einem andern Wesen Schmerz zuzufügen. Denn es wird der eure sein. Es wird der eure sein!

Und so, ihr Lieben, da ihr die Reinheit eures Kerns in eurem Herzen wiederentdeckt und dem Leben in aller Unschuld begegnet, bereit, euch von den euch umgebenden Wundern berühren zu lassen, wird sich das Wunder, das ihr selbst seid, mehr und mehr vor euren Augen entfalten.

Aus der Reinheit eures Herzens heraus wird sich euer Leben mit der Erhabenheit eines göttlichen Wesens gestalten, und ihr werdet wieder zu dem, was ihr schon immer wart: Kinder der Liebe. Die Kinder der Mutter und des Vaters. Im Spiel der Liebe vereint.

Amra nuber assai.
Ich bin Maitreya.

Meditation

Begib dich in die Ruhe und atme tief ein und aus. Gehe in dein Herz.

Zu deiner Blume des Lebens in dein wahres Sein, bis du vollkommen ruhig und in deiner Mitte, in deinem Zentrum bist.

Tritt einen Schritt nach vorne und blicke nach unten. Dort siehst du eine weiße Schnur vom Durchmesser eines Fingers. Nimm sie in die Hand und folge ihr. Nach einigen Metern gelangst du an eine große Lichtung inmitten eines Waldes. Siehe dich um und schaue, wo die Schnur endet.

Sie führt dich direkt zu einem kleinen Teich.
Gehe ganz nahe heran und blicke in sein Wasser.

Die Oberfläche ist glatt und regungslos, und doch kannst du nicht auf den Grund sehen. Algen und Schlamm haben das Wasser getrübt. Es ist dies der Teich deiner Reinheit, und du bist gekommen, um ihm seine ursprüngliche Klarheit und Kraft zurückzugeben. Um all die Ummantelungen deiner Reinheit, die du in all deinen Leben erfahren hast, abzulegen.

Blicke nach links. Du entdeckst einen kleinen Wasserfall, der sich in deinen Teich ergießt und dessen Wasser so rein und klar ist, wie du es noch nie zuvor gesehen hast.

Und nun sieh an dir herunter.

Du trägst mehrere Schichten von Kleidung übereinander. Sie alle sind Symbole für die Dinge, die zwischen dir und der Reinheit im Teich deines Herzens stehen. Stelle dich aufrecht hin und rufe in Gedanken deinen Engel.

Begrüße ihn und fange dann an, Schicht für Schicht deine Kleidung abzulegen. Tue dies langsam und in dem Bewusstsein, dass du dich mit jeder Schicht von einer Ummantelung deiner Reinheit für immer verabschiedest.

Übergib jedes Kleidungsstück deinem Engel, der es am Ende dieser Meditation zu seinem Ursprung zurückbringen wird.

Bei jedem Kleidungsstück, das du ablegst, sprich aus der Tiefe deines Seins die Worte:

„Ich lasse die Dinge des Außen zurück und wende mich der Reinheit meines Herzens zu. So sei es."

Wenn du alles abgelegt hat, tritt erneut zu deinem Teich und blicke hinein. Das Wasser ist nun vollkommen klar, und du kannst bis auf den Grund sehen.

Gehe in dieses klare Wasser. Es ist warm. Es ist nicht tief, und du kannst darin stehen. Tauche vollkommen ein in das warme, leicht schaukelnde Wasser und spüre, wie die Wellen, die sich darin ausbreiten, in deinem Herzen ankommen. Wie ein Lied. Wie eine sanfte Berührung.

Schließe die Augen und lass dich treiben. Du vernimmst einen leisen Gesang. Es ist das Wiegenlied der Göttin, bevor sie dich ins Leben sang.

Du kennst es seit Anbeginn der Zeit. Lass zu, dass dich dieses Lied so wie das Wasser sanft umspült, und spüre die Geborgenheit an diesem Ort. In diesem Augenblick. Spüre, dass du dort bist, wo deine Reise begann. Du bist vollkommen rein, unschuldig und unberührt.

Das Lied, das du hörst, ist das Lied der Reinheit der Göttin, die den Anfang mit dem Ende vereint. Spüre, wie dieses Lied tief in dein Herz sinkt und du eins wirst mit dem Gesang der Mutter.

Kosh ka`liem ka`luer donai.

Lass die Worte der Reinheit und der Kraft tief in dein Sein sinken und spüre, wie dich die Kraft der Reinheit und Unschuld deiner Seele in diesem Augenblick, kurz bevor du zum ersten Mal geboren wurdest, durchdringt. Du bist diese Reinheit. Du bist diese Unschuld. Du bist nie etwas anderes gewesen. Und wenn du spürst, dass du so weit bist, dann sprich aus tiefstem Herzen:

„Ich bin die Reinheit und die Unschuld, die die große

Mutter am Anfang meines Seins in mein Herz legte. Und dort trage ich sie, bis ich in ihre liebende Arme zurückkehre. So ist es!"

Öffne die Augen und atme tief ein und aus. Tritt aus den Wassern deines Teichs der Reinheit und spüre, wie es sich anfühlt, neu geboren zu sein.

Bereit, den Weg deiner Seele zu beschreiten, um zurückzukehren zur reinen Liebe Gottes und der Göttin. Und so gehe nun, Kind der Liebe, ehre die Reinheit deines Herzens und wisse: Es ist die Liebe und der Gesang der Mutter, der niemals enden wird, bis zu deiner Heimkehr. Du kannst dies nie mehr vergessen, geliebte Seele. Kehre zurück in dein Leben und betrachte alle Dinge, die dir begegnen, im Licht dieser Reinheit, wie beim allerersten Mal.

Amra nuber assai.
Ich bin Maitreya.

☆☆☆☆☆

Kapitel 5

Seid gegrüßt, meine Lieben. Geliebte Brüder und Schwestern, Kinder Gottes und der Göttin. Ich bin Maitreya. Von vielem habe ich zu euch gesprochen.

Von der Liebe und ihren Lektionen, von euren Wegen, Mustern und euren Gaben. Und ich gab euch das Versprechen, bei euch zu sein. Auf eurem Weg, den ihr als aufrechte Kinder der Liebe geht. Und die Liebe und ihre Lektionen sind es, die euch alle Schlüssel zur Erreichung der nächsten Seinsebene präsentieren. Und so möchte ich zu euch von der nächsten Lektion der Liebe sprechen.

Der fünften Stufe auf der Leiter.

Die fünfte Lektion der Liebe lautet

Nähe / Distanz

Ihr Lieben, die fünfte Lektion der Liebe betrifft den direkten Umgang mit euren Mitmenschen. Sie ist die Lektion, die euch am unmittelbarsten in eurem Wirken formt und euch dabei hilft, bei euch zu bleiben und dennoch in Liebesbeziehungen zu euren Brüdern und Schwestern, und mehr noch, zu jedem euch umgebenden Sein, ohne euch aufzulösen, zu treten.

Dies ist eine sehr komplexe Lektion, denn in ihr werde ich euch über alle eure Beziehungen, die ihr bewusst oder unbewusst in euch tragt, informieren. Sie ist ein weiterer Schlüssel zu eurer persönlichen Freiheit, und gleichzeitig lehrt sie euch, den Tanz der Energien in seiner bunten Vielfalt ein wenig mehr zu schauen und zu begreifen.

Und so beginne ich mit der Nähe, und wir werden zunächst einen Blick auf alle eure zwischenmenschlichen Beziehungen werfen, und ihr werdet lernen, aus eurem Herzen und eurer Liebe heraus, wann es Nähe ist und wann die Distanz, die ihr üben müsst, um wahrhaftige Meister der Liebe zu werden. Frei von den euch umgebenden Verstrickungen dieser Seinsebene.

Als Erstes werde ich mich den für euch so wichtigen und schwierigen Beziehungen zwischen Mann und Frau — oder auch Mann und Mann oder Frau und Frau, den Paarbeziehungen, zuwenden.

Die Paarbeziehungen, ihr Lieben, erfüllen mehrere Zwecke auf eurem Weg des Seelenwachstums. Und nur einen einzigen Zweck, wenn ihr euch auf der Aufstiegssäule befindet. Und doch ist es bei beiden „Arten" von Paarbeziehungen das rechte Maß und der rechte Umgang mit Nähe und Distanz, die darüber entscheiden, ob die zarte Pflanze der Liebe zwischen zwei Menschen wachsen kann, oder ob sie stirbt. Denn ja, auch Liebe kann sterben, wenn sie nicht rein göttlicher Natur ist.

Ihr habt dies so oft erlebt, ihr Lieben. Und doch sage ich euch: Nie stirbt sie wirklich.

Sie wird nur überlagert von so vielen anderen Energien, die euch überwältigen, wenn ihr nicht den rechten Umgang mit Nähe und Distanz zu üben gelernt habt.

Ich werde nun nicht auf Paarbeziehungen im herkömmlichen Sinne eingehen. Nur so viel sei gesagt: Unzählig sind die Gründe dafür, dass zwei Menschen in Liebe zueinander „entbrennen".

Ich möchte vielmehr auf die Paarbeziehungen zu sprechen kommen, die ein Mensch eingehen kann, der sich auf dem Weg der Liebe befindet, und wie sie sich von den euch bekannten unterscheiden. Vor allem in Bezug auf den Umgang mit Nähe und Distanz.

Nun, was geschieht, wenn ihr euch verliebt, ihr Lieben? Euer Bauch füllt sich mit Schmetterlingen, euer Herz klopft, und ihr seid unfähig, an etwas anderes zu denken als an den anderen. Euer System befindet sich im Ausnahmezustand.

Eure Wissenschaftler wollen euch glauben machen, dass dies rein biologisch-chemische Ursachen hat, und dies, ihr Lieben, ist doch nur das, was ihr sehen könnt.

Was geschieht, wenn ihr euch verliebt, ist, dass eure Seele sich daran erinnert, wie es war, EINS zu sein. Und alle Systeme sind in Aufruhr, damit eine Vereinigung mit dem Spiegel eures Selbst, eurer anderen Hälfte, stattfinden kann.

Wie ihr wisst, sind eure Seelen in der Dualität geteilt. Je ein männlicher und ein weiblicher Teil machen sich vom Ursprung aus auf den Weg, um am Ende der Reise wieder miteinander vereint zu werden.

Und dies, ihr Lieben, ist Liebe und absolute Nähe in höchster Vollendung. Es ist die göttliche Verschmelzung zweier Wesen zu einer Einheit, und das ist es auch, was ihr bewusst oder unbewusst in euren Paarbeziehungen zu finden hofft, ihr Lieben. Und das ist es auch, was so viele eurer Paarbeziehungen scheitern lässt, ihr Lieben. Denn die Verschmelzung zweier Seelen zu einer Einheit in Liebe, und somit die Überwindung jeglicher Distanz, kann erst dann geschehen, wenn jede der beiden Seelen so vollkommen klar in ihrem Sein ist, dass sie bewusst die Begrenzungen ihres Seins öffnet, um eins mit einem anderen Sein zu werden und doch in ihrer Ganzheit erhalten zu bleiben.

Denn wisset, ihr Lieben: Nie wird es wieder so sein, wie es einst war. Das ist unmöglich. Ihr seid so sehr gewachsen seit dem Moment, an dem ihr eure Reise begonnen habt, dass die Erinnerung an eure einstige Einheit, mit eurem Spiegel und die Sehnsucht nach der Wiederherstellung dieser Einheit, euch einem Trugbild hinterherjagen lässt. Gott und die Göttin habe euch nach ihrem Ebenbild geschaffen, und niemand weiß, was geschehen wird, wenn Gott und die Göttin sich dereinst wieder vereinen, um ein Ganzes zu bilden.

Es ist nicht einfach der Weg „zurück zum Ursprung", den ihr geht. Es ist der Weg zu einem neuen Sein, das ihr selbst kreiert und das einzigartig und neu in den Chroniken des Alles ist. Versteht ihr das, ihr Lieben?

Könnt ihr die Bedeutung dessen, was ich euch zu sagen versuche, ermessen?

Es ist dies keine Rechenaufgabe, wie es euch so viele Lehren glauben machen wollten in der Vergangenheit. Minus und Minus ergibt nicht Plus. Ihr dachtet immer, dass ihr euch zunächst selbst lieben müsstet, und dann wärt ihr bereit für die eine einzige wahre Liebe. Geliebte Brüder und Schwestern. Die eine einzige wahre Liebe IST die Liebe zu euch selbst. Denn es ist die Liebe Gottes und der Göttin in eurem Inneren. Und wenn ihr versucht, dieses bei einem anderen Menschen zu finden, öffnet ihr unbewusst euren Seinskern und verliert euch, denn ihr stürzt euch kopfüber in ein energetisches Chaos, in dem ihr euch wahllos mit den anderen Menschen vermischt. Das ist der Weg des Karmas. Es ist nicht der Weg der Liebe, ihr Lieben.

Das Ziel auf dem Weg der Liebe ist, die Verkörperung der Liebe selbst zu sein, ihr Lieben. In all ihren Facetten. Mit all ihren Lektionen. Ist dieser Weg abgeschlossen auf dieser Seinsebene, könnt ihr nicht mehr aus eurer Mitte herausgerissen werden.

Den Weg der Liebe und des Geistes zu gehen — den goldenen Weg — bedeutet zu wählen, was diesen Weg unterstützt und was nicht. Und dies, ihr Lieben, gilt besonders für eure Partnerschaften.

Im Weg des Karmas dienten eure Paarbeziehungen der Erkennung und Aktivierung eurer Münzen, und das gilt bis zu einem gewissen Grad auch jetzt noch.

Doch wenn ihr euch wahrhaft entschieden habt, den Weg der Liebe zu beschreiten, haben eure Partnerschaften nur noch die Aufgabe, euch zu unterstützen. Sie sind kein Spiegel mehr für euch, denn ihr seid selbst zu eurem Spiegel geworden. Das macht es sehr schwierig für euch, eine Partnerschaft zu erhalten, in der der eine Teil nicht auf dem selben Weg wandelt wie ihr. Dies ist eine Zeit lang möglich, in der ihr versuchen könnt, euch neu aufeinander einzustimmen, und „infiziert" ihr den anderen dann nicht mit der Liebe Gottes und der Göttin, wird diese Partnerschaft enden, ihr Lieben.

Eine heilige Beziehung zu führen bedeutet, dass jeder der zwei Hälften auch ohne einander ein Ganzes bildet. Und das bedeutet, dass es Momente gibt, in denen sich diese Hälften füreinander öffnen können, um die Nähe zu erleben, die zwei Wesen miteinander haben können.

Aber es gibt Momente, und diese sind zahlreicher, in denen es eine gewisse Distanz zum anderen benötigt, damit ihr den Weg eurer eigenen Heilwerdung ganz und gar beschreiten könnt. Und das zu unterscheiden und zu wissen, macht es euch überhaupt erst möglich, heilige Beziehungen einzugehen. Denn die Distanz zu wahren und dennoch offenen Herzens zu lieben, ihr Lieben, ist es, was euch zu Meistern der Liebe und eures Weges macht.

Es kostet euch enorm viel Kraft und Energien, eine Partnerschaft zu führen, in der ein Teil immer noch darauf besteht, etwas vom anderen zu erhalten, damit er sich ganz fühlen kann. Das ist vorbei, ihr Lieben. Zumindest für euch.

Und wenn ihr es dennoch versucht, werdet ihr euch müde und ausgelaugt fühlen, denn der andere wird wiederholt die Grenzen eures Seinskerns zu überschreiten suchen, um sich zu holen, was ihm vermeintlich zusteht.

Das zu unterbinden, bindet die Kraft, die ihr für euch und euren Weg benötigt, ihr Lieben. Also wählt. Und wählt weise. Denn ihr dürft euch nicht mehr in euren Beziehungen verlieren. Und dennoch: Ihr lebt auf dem Planeten der freien Wahl. Ihr werdet niemals gezwungen werden, etwas zu tun, was ihr nicht möchtet, und ihr sollt nun auch nicht überstürzt eure Partnerschaften beenden, nur weil sie noch Merkmale des Seins der karmischen Spiele tragen.

Aber: Seid bereit, euch einer neuen Form des Miteinanders zu öffnen, in der ihr mehr als zuvor nebeneinander geht. Und manchmal auch vor oder hinter dem anderen.

Es wird euch nicht mehr möglich sein, eure Paarbeziehung über alles andere zu stellen. Denn auf dem Weg der Liebe ist die Gewichtung eine andere. An erster Stelle kommt euer eigenes Herz, euer Zentrum und eure Verbindung zu Gottmutter und Gottvater. Und dann erst eure Verbindungen zu anderen Wesen.

Ihr habt dies oft gehört. Der Unterschied ist, das ihr beginnt, dieses auch zu fühlen, ihr Lieben. Und so greifen die 1., 2. und 5. Lektion der Liebe ineinander.

Denn zunächst müsst ihr treu sein in euch, um euer Herz zu fühlen, und dann annehmen und akzeptieren, dass jedes Wesen seinen Weg in erster Linie selbst zu gehen hat.

Schließlich könnt ihr, wenn ihr euer Herz in Liebe für einen anderen Menschen geöffnet habt, entscheiden, wann es euch beiden guttut, euch der Nähe füreinander zu öffnen, und wann ihr zurücktreten müsst, um bei euch zu bleiben. Und auch das erfordert Akzeptanz in Liebe von beiden Seiten – den anderen zu lassen und zu nehmen, was er zu geben hat, in dem Moment, in dem er dazu bereit ist.

Das bedeutet auch, dass ihr nur dann euer Innerstes mit dem anderen teilen sollt, wenn ihr dazu bereit seid, ihr Lieben.

Auf dem Weg der Liebe wird es euch nicht mehr möglich sein, den Erwartungen anderer an euch zu entsprechen. Denn ihr müsst tun, was euer Herz, eure innerste Führung euch sagt. Handelt ihr entgegen dieser Instanzen, wird euch das nicht gut bekommen. Und das, ihr Lieben, ist keine Drohung, sondern lediglich eine Beschreibung. Je weiter jemand auf dem Weg der Liebe gewandelt ist, desto schwieriger wird es für ihn, eine Handlung zu vollziehen oder Worte zu sprechen, die nicht im Einklang mit seiner inneren Wahrheit und somit der Liebe sind.

Es wird euch regelrecht körperliche Schmerzen bereiten, diesem euren inneren Wissen zuwider zu handeln, und das wiederum werden eure Mitmenschen zur Kenntnis nehmen.

Es wird euch zunehmend schwererfallen, Kompromisse einzugehen, denn der Weg der Liebe ist vollkommen klar und spricht nur eine Sprache. Und wenn ihr spürt, dass ein Mensch durch sein SoSein und die Spiele, in denen er noch gefangen ist, euch zu einer Reaktion drängt, die nicht der Wahrheit eures Herzens entspricht, so tretet zurück. Tretet zurück und übt Distanz in Liebe.

Für eure Paarbeziehungen bedeutet das: Gebt euch vor allem Raum. Raum, in dem jeder von euch wachsen kann. Und Zeit, die jeder für sich braucht, um seine inneren Tempel zu pflegen.

Die Zeit, die ihr mit eurem Partner verbringt, sollte euch kostbar sein, und sie sollte so bemessen sein, dass immer die Möglichkeit besteht, für den einen oder den anderen, in die Ruhe zu gehen und sich neu auf das eigene Herz auszurichten.

Und schließlich, ihr Lieben, geht in euch und werft einen kritischen Blick auf eure Paarbeziehungen und eure Erwartungshaltungen. Jeder Mensch wünscht sich in seinen tiefsten Tiefen, so geliebt und angenommen zu werden, wie er nun einmal ist.

Und nur wenigen Menschen gelingt es, einen anderen Menschen genau so zu lieben.

Warum ist das so, ihr Lieben?

Nun. Ihr wisst die Antwort. Ihr kennt sie, wie ihr euch kennt. Weil es keinen Menschen auf Mutter Erde gibt, der sich selbst so annehmen kann, wie er ist. In eurer Gesellschaft wird das sehr stark auf die körperliche Ebene projiziert, weil euer Äußeres zu verändern euch von einer Inventur eures Inneren ablenkt. Und äußerliche Kriterien bilden auch die Grundlage für eure Partnerwahl.

Geliebte Wesen. Ihr, die ihr dieses lest.

Ihr seid so weit gegangen auf eurem Weg, und vielleicht wollt ihr protestieren und aufschreien: „Maitreya! Das gilt nicht mehr für mich. Ich bin darüber hinausgewachsen."

Geliebte Wesen. Ich kenne die Wahrheit.

Ich kenne eure Herzen, und ich kenne die Angst, die immer noch in euch sitzt. Und die Angst, nicht geliebt zu werden, verloren und verlassen in einer feindlichen Welt, ist eine der größten in eurem Gepäck. Und es ist dies die Münze, die nur ihr selbst umdrehen könnt. In eurem Herzen. Denn nur die Entdeckung der Liebe in euch und das Aufgehen in ihrer Grenzenlosigkeit wird diese Angst in Ruhe, Gelassenheit und lächelndes Vertrauen verwandeln.

Und hier, ihr Lieben, beginnt es, so schwierig zu werden für euch und eure Paarbeziehungen. Denn wenn ihr mir auf dem Weg der Liebe mit ihren Lektionen bis zu diesem Punkt gefolgt seid und begonnen habt, von eurem Zentrum aus euer Sein zu gestalten, ist dieser Schlüssel bereits der eure. Und das unterscheidet euch von den meisten eurer Mitmenschen. Denn der Weg der Liebe bedarf der bewussten Entscheidung, ihn zu beschreiten. Und so, ihr Lieben, wird es schwierig, eine Partnerschaft aufrechtzuerhalten, wenn der andere noch versucht, seine Münzen an euch auszuagieren.

Versteht mich nicht falsch. So lange ihr noch Münzen in euch tragt, die ihr nicht in Liebe umgedreht und deren lichte Seite ihr noch nicht aktiviert habt, werdet ihr Wege suchen, diese Münzen durch das Spiel mit euren Mitmenschen in euer Bewusstsein zu bringen. Das gilt besonders für eure Partnerschaften, da es einfach das Feld des größtmöglichen Austauschs für euch darstellt. Noch einmal sage ich euch: An erster Stelle kommt euer Herz.

Darum prüft sorgfältig alle eure Münzen und somit eure Erwartungshaltungen, die ihr an euren Partner stellt. Denn von ihnen müsst ihr euch vollkommen verabschieden.

Ihr habt gelernt, Verantwortung für euch, euren Weg und euer Handeln zu übernehmen, und das macht nicht Halt vor euren Paarbeziehungen. Ihr wisst das, doch müsst ihr euch auch bewusst machen, was es bedeutet.

Kein anderer Mensch außer ihr selbst ist Herr oder Herrin über euer Glück oder Unglück.

Der Weg der Liebe ist der Weg der tief empfundenen Freude am Sein, und sie mit einem anderen Menschen zu teilen, ist ein Geschenk, ihr Lieben, das man nicht einfordern kann. Und jeder Mensch hat das Recht, seinen Weg zu 100% selbst zu bestimmen – ohne Einschränkung. Denn er muss auch zu 100% die Konsequenzen seines Fühlens, Denkens und Handelns tragen.

Und das ist Karma, ihr Lieben, in seiner ursprünglichen Form. Es ist das Prinzip der Eigenverantwortung als Meister.

Und was bedeutet das nun für euch?
Was bedeutet es in Bezug auf Nähe und Distanz?

Zunächst einmal bedeutet es, dass ihr die absolute Nähe zu euch selbst herstellt. Ihr tut dieses, indem ihr euer Heim in eurem Herzzentrum errichtet und es nie mehr, ich wiederhole: niemals mehr, aufgebt.

Ihr werdet selbst zu dem Menschen, der euch am Nächsten steht und den zu achten und zu ehren eure Aufgabe ist. Es ist von Vorteil für euch, auf dem Weg der Liebe eine Zeitlang alleine zu sein, denn ihr müsst wieder lernen, euch zu genügen, damit ihr die Ganzheit, die ihr seid, wieder spüren könnt.

Damit es nicht die Suche nach einem anderen Menschen ist, der eure vermeintlichen Löcher stopft, die euch antreibt. Sondern nur euer Dienst und ausschließlich euer Weg. Und ja, ihr dürft euch Gefährten nehmen auf diesem Weg. Und nein, sie werden euch nicht gegeben, damit ihr euch ganz fühlen könnt.

Und so seht als Erstes, was es ist, was ihr von einem Partner zu brauchen glaubt, was euch fehlt, und aktiviert die dazugehörigen Münzen.

Der Sinn und Zweck einer Partnerschaft auf dem Weg der Liebe ist ein liebevolles Nebeneinander, ohne Einschränkung des eigenen Werdens. Ohne Ansprüche, ohne Erwartung und ohne Bedingungen.

Ein Partner sollte euch ebenbürtig sein und niemals dazu dienen, einen Trieb zu befriedigen. Er sollte nicht dazu dienen, euer Ego aufzuwerten, und ebenso wenig dazu, euch eure Aufgaben abzunehmen. Ein Partner sollte in erster Linie und an allererster Stelle ein Freund sein. Denn Freunde nehmen sich so an, wie sie sind.

Ein Freund an eurer Seite, mit dem ihr wachsen könnt. Und mit dem ihr euer Herz teilen könnt. In den Momenten, die euer Leben euch dafür bereitstellt. Denn wisset: Ihr werdet auf dem Weg der Liebe alle Hände voll zu tun haben. Und in der Meisterschaft ist es entscheidend, ein anderes Wesen niemals in seiner Freiheit zu beschränken.

Wenn euer Herz euch einen Weg aufzeigt, dann werdet ihr ihm folgen müssen.

Ihr könnt euch nicht davon abhalten lassen, weil vielleicht euer Partner dadurch auf etwas verzichten müsste, was ihm vermeintlich zusteht. Und auch ihr müsst eure Partner freigeben, damit sie ihrem Herzen immer und in jedem Moment ihres Lebens folgen können. Und das bedeutet, eure Bedingungen und Vorstellungen, die ihr bislang hattet, vollkommen hinter euch zu lassen.

Lasst eure Regeln und Sicherheitsvorkehrungen fahren, die ihr so gerne aufstellt und trefft, und seid bereit, euch als freie Wesen zu begegnen.

In Liebe. Denn wenn ihr in der Liebe seid, könnt ihr keinem anderen Wesen Schaden zufügen. Und euch kann kein wirkliches Leid geschehen. Übernehmt Verantwortung für euer Glück und euer Wohlergehen und macht niemanden dafür verantwortlich. Lasst euch los, ihr Lieben, und ihr werdet eine nie dagewesene Seligkeit mit einem Partner verspüren können. Denn alles, was ihr teilt, teilt ihr aus freien Stücken. Und wenn ihr euch vereint, so tut dies, um Gott und die Göttin in euch zu ehren und ihre Vereinigung durch eure Körper und eure Energien zu feiern. Ehrt Gott, ehrt die Göttin in euren Partnern und lernt, diese Art der Vereinigung anstelle der euch vertrauten zu setzen, und ihr werdet wahrhaft das Himmelreich schauen. Und in den Momenten, in denen ihr nicht die Verkörperung

Gottes oder der Göttin in euren Partnern erkennen könnt — vereinigt euch nicht.

Lernt auch hier, wann es die Nähe ist und wann die Distanz, die es im Umgang mit euren Partnern erfordert. Denn der sexuelle Akt, der lediglich der Triebbefriedigung dient, ist nichts mehr als eine Energieentladung auf einer niederen Ebene und schwächt euch, ihr Lieben. Doch eine Vereinigung in Liebe, in der ihr das Antlitz Gottes oder der Göttin im anderen erkennt, ist ein heiliger Akt von unbeschreiblicher Kraft.

Also wählt. Und erneut: Wählt weise.

Wählt mit der Weisheit eures Herzens, auf die zu hören ihr gelernt habt, ihr Lieben.

Erneut bitte ich euch: Stellt eure Suche nach dem perfekten Partner ein. Auf dem Weg der Liebe zählt immer mehr der Plan euer Seele, und wenn dieser Plan Erfüllung in einer Partnerschaft für euch vorsieht, wird euch dieser Partner auch begegnen. Lernt loszulassen und dem Weg eurer Seele und eurer inneren Führung zu vertrauen. Für jeden von euch bedeutet dies vollkommenes Glück und tiefste Erfüllung, und beides sieht bei jedem Menschen unterschiedlich aus.

Und so, ihr Lieben, gibt es für jede Seele, die sich auf dem Pfad der Meisterschaft in Liebe befindet, kritische Phasen.

Es sind dies Phasen, in denen ihr kurz vor grundlegenden Umwandlungen eures Wesens steht, und ausnahmslos empfindet ihr diese Phasen als Prüfungen.

Es sind Begegnungen mit Teilen eures Selbst, die ihr verdrängt oder „vergessen" oder sehr lange Zeit nicht mehr „gesehen" habt. Es sind dies Phasen, in denen ihr Dinge, die ihr nicht mehr benötigt, loslasst, um Platz zu schaffen für die Wiedervereinigung mit euch selbst. Und sie bergen enormes Potenzial. Und oft, allzu oft, erkennt ihr nicht das Geschenk, das in diesen Phasen verborgen ist.

Ihr könnt sie Weggabelungen oder auch Talsohlen nennen. Tote Punkte oder Tiefs. Aber in Wahrheit sind es wahre Katapulte, die, wenn ihr sie bewusst und in Liebe anerkennt, euer Wachstum enorm beschleunigen können.

Was geschieht nun mit euren Partnerschaften in solchen Phasen? Nun. Sie „funktionieren" nicht mehr. Und üblicherweise führt dies in den meisten Fällen zu einer Auflösung der Partnerschaft.

Aber ich sage euch: Lernt, diese Phasen zu erkennen. Lernt die Kommunikation mit eurem Zentrum und eurer inneren Führung, die euch immer den für euch besten Rat geben wird, und lernt, so ihr in einer Partnerschaft seid, in solchen Phasen Distanz in Liebe zu üben. Denn es ist ungemein wichtig für euch, euch in diesen Phasen zurückzuziehen, damit ihr das für euch so bedeutende Geschenk des Wachstums in vollem Umfang erhalten könnt, ihr Lieben. Lässt dies der Umgang miteinander in eurer Partnerschaft nicht zu, wird sie euch buchstäblich die Luft zum Atmen nehmen, und ihr werdet euch „entzweien".

Nähe mit einem anderen Menschen funktioniert nur dann, wenn eure Systeme bereit sind, in Austausch zu treten. Das funktioniert nur, wenn ihr in eurem Zentrum seid und in euren energetischen Feldern ausgeglichen. In einer „kritischen Phase" aber werdet ihr sozusagen neu verkabelt und braucht einige Zeit, um euch neu auszurichten.

Zieht euch zurück und teilt dies euren Partnern in Liebe mit. Damit ihr, wenn dieser Prozess abgeschlossen ist, erneut in Liebe aufeinanderzugehen könnt. Ihr benötigt diese Distanz, da ihr während eines solchen Prozesses die Nähe zu euch selbst zu verlieren scheint. Ihr erkennt euch oft selbst nicht wieder und werdet von den unterschiedlichsten „Ängsten" und Gefühlen überschwemmt. So lange, bis der Sturm sich gelegt hat und die Erkenntnis dessen, worum es für euch ging, zutage gefördert wurde. Und ihr wieder ruhig und mit neuer Kraft in eurem Zentrum Platz nehmen könnt.

Die Lektion der Nähe und der Distanz gleicht der Choreographie eines Tänzers. Sie lehrt euch, auf die feine Stimme eures Inneren zu hören, und lässt euch auf euren Partner zugehen — und euch wieder zurücknehmen. Mit der Öffnung eures Herzzentrums erfahrt ihr einen Zuwachs an Liebesfähigkeit, der euch teilweise den Brustkorb zu sprengen scheint. Ihr beginnt, die Menschheit als Ganzes zu lieben, und in jedem Wesen, das euch begegnet, den inneren Kern, der Liebe ist, wahrzunehmen.

Ihr tretet mehr und mehr „in Kontakt" mit eurer Umwelt, und das erfordert zum einen, dass euer Partner dies ohne Verlustängste zulässt, zum anderen, dass ihr diese Kontakte aufnehmt, ohne euch in den Spielen und Gefühlen der euch umgebenden Menschen zu verfangen.

Und das, ihr Lieben, ist Distanz in Liebe.

Es ist eine scheinbare Distanz, denn in Wahrheit seid ihr alle eins und miteinander verbunden, und je mehr ihr dieses fühlt, desto mehr erfordert es Distanz. Die Distanz, die es benötigt, um göttliche Emotionen ins Sein und Wirken zu bringen. Und das, ihr Lieben, ist auch euer Messinstrument in Momenten, in denen ihr nicht wisst, ob ihr einer anderen Person zu nahe seid oder euch zu sehr distanziert habt.

Ich werde euch ein Beispiel geben:

Eine göttliche Emotion ist das Mitgefühl. Mitgefühl bedeutet, den Schmerz eines anderen zu erkennen und wahrhafte Anteilnahme – im rechten Maß – zu nehmen. Das bedeutet: Linderung und Beistand und Hilfe zu geben, wenn es möglich und angebracht ist, ohne den Blick für das Ganze zu verlieren. Und das bedeutet, sein Herz zu öffnen, um die Liebe ihren Dienst tun zu lassen, und dennoch in dem Bewusstsein zu bleiben, dass alles, was einem Wesen widerfährt, Teil eines Plans ist, dessen Sinn und Ziel ihr nicht ermessen könnt.

Und das, ihr Lieben, bedeutet Anteilnahme aus Liebe, ohne in die Wertung zu gehen. Ohne zu beurteilen, ob es „Gerechtigkeit" oder „Schuld" gibt in der Situation, in der sich euer Gegenüber befindet. Es bedeutet aber auch vor allem anderen, dass ihr die Grenzen des Mitgefühls nicht überschreitet und es in Mitleid verwandelt.

Mitleid ist die dunkle Seite des Mitgefühls und lässt euch in einem Umfang am Erleben eines anderen Wesens teilhaben, der dazu führt, dass ihr Teil dieser Erfahrung werdet. Das geschieht, wenn ihr versucht, einem anderen Wesen seinen Schmerz zu nehmen, indem ihr ihn zu dem euren macht.

Mitgefühl ist tief empfundene Liebe und die helfende Hand im rechten Moment. Mitleid führt zu einer Ausdehnung der leidvollen Erfahrung und ist eine Emotion, der das Bewusstsein und die Lektion des Annehmens vollkommen fehlt. Mitleid zieht eine Reihe anderer „nichtgöttlicher" Emotionen nach sich, wie Wut, Verzweiflung und Trauer. Das Mitgefühl lebt davon, dass ihr so weit auf den anderen zugeht, wie es die Situation erfordert, ohne den Bezug zu eurem Zentrum zu verlieren. Mitgefühl zeigt euch die Möglichkeiten eures Eingreifens, ohne den Blick für das große Ganze zu verlieren.

Das erfordert eine gewisse Distanz zu dem Geschehen und dem anderen Wesen, da zu große Nähe euch zu Mitleidenden macht.

Und so seid ihr jeden Tag vielen Situationen ausgesetzt, die von euch den rechten Umgang mit Nähe und Distanz erfordern. Verströmt so viel von eurer Liebe und Hilfsbereitschaft, wie ihr könnt, OHNE euch auslaugen zu lassen. Versucht, nichts zu tun, was andere Menschen von euch erwarten, nur weil sie es eben von euch erwarten. Verströmt eure Liebe und nehmt Abstand, sobald etwas oder jemand etwas anderes in euch auslöst, als eine göttliche Emotion.

Versucht ein anderer Mensch euch zu manipulieren, tretet zurück. Verspürt ihr Ärger, Wut, Traurigkeit: Tretet zurück und geht in euer Inneres. Lernt, diesen „niederen" Emotionen keinerlei Energie mehr zuzuführen, und ihr werdet ein wandelndes Vorbild eines Lebens in bedingungsloser Liebe sein. Und lernt im Gegenzug eure eigenen Mechanismen der Manipulation kennen und tretet auch von ihnen zurück.

Wenn ihr etwas von einem anderen Menschen erhalten möchtet, so bittet ihn freundlich und in Liebe darum. Dann tretet zurück und gebt seiner freien Entscheidung Raum. Hört auf, etwas einzufordern oder zu verlangen, und lernt, ein „Nein" zu akzeptieren, so, wie ihr selbst immer öfter „Nein" zu etwas oder jemandem sagt, wenn dieses/dieser eurer innersten Wahrheit nicht entspricht.

Bei der Öffnung eures Herzens und der Zunahme eurer Liebe wird es für jeden von euch Momente und Situationen geben, in denen der rechte Umgang mit Nähe und Distanz die schwierigste Lektion für euch sein wird. Ihr werdet euch teilweise so sehr mit Allem-was-ist verbunden fühlen, dass der Zustand eurer Welt, und wie sie sich euch offenbart, euch im wahrsten Sinne des Wortes das Herz zu brechen droht.

Ich sagte euch bereits, dass in dem Moment, in dem ihr in euer Herz geht und die Liebe zu allem Leben spürt, es euch nicht mehr möglich sein wird, einem anderen Wesen Schmerz zuzufügen, da es der eure sein wird.

Und ihr wisst, wovon ich spreche, ihr Lieben. Die ersten Wesen, die euer Herz berühren, sind die Hilf- und Schutzlosen. Die Kinder und Tiere dieser Welt. Und so möchte ich zunächst zu jenen sprechen, die das Fleisch der Tiere in eurer Welt immer noch zu sich nehmen, in dem Bewusstsein, dies sei von Gott oder der Natur so vorgesehen.

Geliebte Wesen. Für alles, was ihr tut, tragt ihr die volle Verantwortung. Und für alles, was ihr aufnehmt und womit ihr euch verbindet. Auf dem Weg der Liebe wird es euch nicht möglich bleiben, vor irgendeinem Bereich eures Lebens die Augen zu verschließen. Und so möchte ich euch, und vor allem jenen, die dies wahrhaftig benötigen, die Augen öffnen für das Leid der Tiere auf eurem Planeten und für ihr Leben, das mit dem euren aufs Engste verbunden ist.

Geliebte Brüder und Schwestern, lest dies offenen Herzens und in der Bereitschaft, einen Kurs zu korrigieren, den die Menschheit vor langer Zeit eingeschlagen hat. Ihr kennt den Satz aus eurem Buch der Bücher: „Macht euch die Erde untertan!"Und dieser Satz wurde von euch gründlich missverstanden, ihr Lieben. Es ist die Aufforderung, Herren der Materie zu werden, darin enthalten. Und das ist sozusagen der Auftrag für eure Reise,– die Elemente dieser Ebene, die Erdenerfahrung selbst, zu meistern. Sich etwas untertan machen, bedeutet genau das. Ein Meister der Materie zu werden. Nicht aber ein Ausbeuter und Unterdrücker der Materie und eurer Mitgeschöpfe.

Die Tiere auf eurem Planeten sind aus einem bestimmten Grund hier und gehen durch eine Entwicklung auf Seelenebene, die sich von der euren unterscheidet. Es sind dies Gruppenentwicklungen und weniger Bewusstseinsentwicklungen in individualisierter Form, wie es bei euch der Fall ist.

Aber auch bei den Tieren gibt es sehr weit entwickelte Seelengruppen und jene, die noch nicht so weit fortgeschritten sind. Und zum Teil existieren bestimmte Arten, um energetische Gegebenheiten, die von euch ausgelöst wurden, auszugleichen.

Euer Bild von der Natur und euer „Survival of the fittest” oder auch „das Gesetz des Stärkeren” in der Natur und in der Tierwelt ist ein Denkfehler, dem ihr erlegen seid, weil ihr verlernt habt, eure Sinne über das, was ihre sehen könnt, hinaus zu nutzen. Und so habt ihr die Tiere beobachtet und eure Schlüsse gezogen. Und sie sind falsch, ihr Lieben. Denn der Weg der Tiere ist aufs Engste mit dem euren verwoben, und in der Natur werden euch die Spiele der Energie, die ihr selbst spielt, gespiegelt. Nicht anders herum, ihr Lieben.

Der Mensch hat nicht immer Fleisch gegessen. Und die Tiere kamen auch im Ursprung nicht auf die Erde, um euch als Nahrung zu dienen.

Es wird ein eigenes Buch über die Tiere und ihre Entwicklung geben, und deshalb möchte ich den Zweck ihres Hierseins nicht im Einzelnen ausführen, aber ein Teil ihrer Existenz gründet sich sehr wohl im Dienst aus Liebe, und die Seelengruppen der Tiere, die speziell für diesen Dienst auf Erden sind, entschieden sich aus freien Stücken und in dem Glauben dazu, dem großen Plan selbst damit zu Diensten zu sein.

Sie sind hier, um euer Bewusstsein der Verbindung mit der Göttlichkeit durch eure Verbindung mit ihnen immer wieder zu wecken. Sie dienen euch als Halt, geben euch Trost und sind euch Gefährten. Und sie stimmten zu, zu einem bestimmten Zeitpunkt in eurer Geschichte, euch in einem gewissen Umfang als Nahrung zu dienen, damit euer Überleben gewährleistet bliebe.

Dies geschah nach eurer großen Urverletzung und sollte nicht von Dauer sein, ihr Lieben. Denn Gaia brauchte einige Zyklen von Zeit, um sich von den großen Umwälzungen, die damals stattfanden, zu erholen.

Es gab schon zuvor Menschen, die Tiere töteten, um sie zu essen, doch dies waren ausnahmslos Menschen, die aus dem Bewusstsein der Einheit mit allem Sein gefallen waren, und das Töten der Tiere zum Zweck der Nahrung, ihr Lieben, verstößt gegen ein grundlegendes Gesetz der Schöpfung: Du sollst keinem anderen Wesen Leid zufügen.

Lange Zeit gab es keine Fleischesser unter den Tieren. All dies entwickelte sich durch die Veränderung des Menschen. Und sitzt nicht dem Irrtum eurer Forscher auf. Der Mensch ist schon sehr lange auf der Erde. Es gab mehrere „Probeläufe" für das Leben auf der Erde, und eure Dinosaurier waren einer davon. Sie sind gegangen, damit ihr in so großer Zahl hier sein könnt, ihr Lieben. Sie stellten einen „Handlungsstrang" der Schöpfung dar, der einem bestimmten Zweck diente und beendet werden musste, damit ihr hier „angesiedelt" werden konntet, und sie haben mit den Tieren, über die ich zu euch spreche, nichts gemein.

Eure Wissenschaftler werden bald auf Beweise für meine Worte stoßen, in Form von Schädel- und Knochenfunden – einige davon im Irak, und ihr werdet einmal mehr eure Annahmen über das Alter des Menschen anpassen müssen.

Alles, was euch umgibt, ist ein Spiegel eures eigenen Seins. Und so wird euch in eurer Tier- und Pflanzenwelt jeder mögliche Umgang, jede Struktur und jede Organisationsform im „Stirb und Werde" aufgezeigt.

Erhält eine bestimmte Energieform, wie zum Beispiel ein Gefühl oder Gedanke, genug Energie, so wird sie sich materialisieren. Einige Geschöpfe auf eurem Planeten sind nicht mehr als bloße Produkte eurer Gedanken- und Gefühlsgifte. Ihr erkennt sie daran, dass ihre Proportionen nicht im goldenen Schnitt sind, und ihr findet sie in euren Wiesen und Flüssen und auch in der kleinen Welt unter euren Mikroskopen.

Und dennoch sind sie göttlich, ihr Lieben, denn sie wurden von euch geschaffen. Und nun plagen sie euch, eure Schöpfungen, und ihr habt Angst vor ihnen. All dies wird nach und nach von eurem Planeten verschwinden. Mit zunehmendem Bewusstsein und der Öffnung eures Herzens. Aber da dies ein Prozess wie bei einer eurer körperlichen Entgiftungen ist, wird es zunächst eine Zunahme geben, und ihr werdet euch umgeben fühlen von Blutsaugern und Parasiten. Doch das wird nur von kurzer Dauer sein.

Wie innen, so außen. Wie oben, so unten.

Ihr seid nie getrennt gewesen von der euch umgebenden Natur, und selbst eure körperlichen Prozesse und Abläufe sind ein Spiegel eures Werdegangs als Menschen. Und auch diese Prozesse werden sich grundlegend verändern, ihr Lieben. Das Kämpfen ist zu Ende. Und das gilt bis hinunter in die Ebene eurer körperlichen Abläufe.

Woran, ihr Lieben, ermesst ihr den Bewusstseinsgrad eines Bruders oder einer Schwester? Ein Mensch auf dem Weg der Liebe ist nicht immer leicht zu erkennen. Hütet euch also auch hier davor, zu kategorisieren.

Nicht jeder ist seinem Wesen nach sanftmütig oder ruhig. Aber eins ist allen Wesen auf dem Weg der Liebe gemein: Niemals würden sie einem anderen Wesen bewusst Leid zufügen.

Ihr werdet euch vielleicht fragen, was dies alles mit der Lektion Nähe/Distanz zu tun hat. Nun, nichts ist euch näher im materiellen Sinn als das, was ihr euch einverleibt. Eure Nahrung soll euch dazu dienen, eure Zellen und Organe mit frischer, lebendiger Energie und Information zu versorgen.

Und das wird euch in der euch umgebenden Natur in euren Kräutern, dem Obst und Gemüse und dem Getreide in Hülle und Fülle zur Verfügung gestellt.

Also achtet auf die Reinheit dieser „Nahrungsmittel" ebenso, wie auf den rechten Umgang mit der Erde, in der sie gedeihen. Dann all dies ist in den Früchten der Natur gespeichert und wird an euch durch ihren Verzehr weitergegeben. Selbst die Gefühle des Obstpflückers bei der Ernte wandern bis zu einem gewissen Grad in euren Körper und können euch einen Moment lang Unwohlsein fühlen lassen, bis euer System diese Information wieder ausgeleitet hat. Ihr seid in einem Ausmaß mit Allem-was-ist verbunden, das euch in keinster Weise bewusst ist, ihr Lieben.

Wie steht es also um den Verzehr von Fleisch? Oder, um es genauer zu sagen: um den Verzehr eurer göttlichen Mitgeschöpfe?

Ich werde euch etwas von dem Leid und dem Leben und Sterben der Tiere erzählen, die ihr ohne Dank und in vollkommener Gedankenlosigkeit verzehrt. Und ich werde euch verdeutlichen, was dies für euch und euren Weg bedeutet, so ihr noch immer daran festhaltet.

Ihr Lieben. Das Leben eines jeden Wesens ist heilig, denn jedes Tier und jeder Mensch auf eurem Planeten folgt einem Plan und erfüllt seinen ihm eigenen Zweck. Es ist Sinnhaftigkeit im Lebendigen, und auf eurer Ebene bedeutet dies auch, den Wandel von der festen Form in die ätherische wieder zu erleben. Ihr seht Zyklen um euch herum, und ihr nehmt die Zyklen des Werdens und

Vergehens an eurem eigenen Körper wahr. Ihr seid so sehr eingebunden in alles, was euch umgibt, und nehmt es doch so wenig wahr. Doch ihr Lieben, jegliches Leben steht in Kontakt zu jedem anderen Leben auf eurem Planeten. Und vieles, was euch begegnet, ist die Antwort des Lebens auf eure innersten Gedanken, Gefühle und auch auf eure Taten.

Der Weg der Tiere ist aufs Engste mit dem euren verbunden, und doch haben sie eine andere Aufgabe als ihr. Doch jedes Tier ist wie ihr beseelt. Und jedes Tier empfindet Angst und Schmerz und Freude am Sein.

Wenn ihr sehen könntet, was für großartige Geschöpfe eure Tiere sind und wie sie ausharren. Kinder eures Planeten – im Dienst an der Erde sind sie fest an sie gebunden – und im Dienst an euch.

Und was macht ihr mit jenen Tieren, deren Seelen so weit entwickelt sind, dass sie diese Ebene verlassen könnten? Ihr haltet sie als Sklaven und tötet sie auf grausame Art und Weise. Wofür, ihr Lieben? Damit ihr für einen Moment gesättigt seid?

Das Leid euer gequälten und geschundenen Tiere – es wird um ein Vielfaches auf euch zurückkommen, wenn ihr nicht einhaltet.

Jedes Leben ist heilig. Es ist KEIN Leben heiliger als ein anderes.

Die Tiere wurden zum Teil in eure Verantwortung übergeben, und sie kamen zum Teil hierher, um euch zu dienen. Mit Wolle für Kleidung, mit Milch, die sie im Überfluss hatten, zur Gewinnung von Butter und Käse, und vor allem als eure treuen Gefährten. Es gab eine Zeit, da konntet ihr die Sprache der Tiere verstehen, und niemals hättet ihr einen eurer Freunde getötet, um ihn zu essen. Ihr habt so vieles vergessen, ihr Lieben. Aber tief in eurem Inneren wisst ihr um die Wahrheit in diesen Dingen, und ihr wisst, dass ein anderes Leben zu nehmen, nur um sich zu sättigen, nicht der Weg der Liebe ist.

Es ist der Weg der Angst, und es ist der Weg der 1000 Tode in Angst. Der Tod in der Natur folgt anderen Gesetzen als der eure. Doch wenn ein Löwe eine Antilope erlegt, geschieht es in vollkommener Anmut. Es gibt den Moment, kurz vor dem Tod der Antilope, wo diese ganz still wird und sich ihrem Tod vollkommen hingibt.

Die Antilope hat als Teil der Seelengruppe der Antilopen ihr Leben hingegeben, und zwar in Absprache mit der Seelengruppe der Löwen, damit ein Gleichgewicht erhalten bleibt. Ihr werdet keine Antilope finden, die vor Angst schreit, wenn ein Löwe ansetzt, um ihre Kehle zu durchbeißen. Doch auch dies war im Ursprung nicht geplant. Es ist Teil des Ausdrucks des Kampfes der Existenz, den ihr so lange gekämpft habt und der nun beendet ist, und ihr werdet zusehen können, wie mehr und mehr Raubtiere, aber auch ihre „Opfer", von eurer Seinsebene verschwinden.

Sie sterben aus. Und das erfüllt euch wiederum mit Angst und Schrecken, weil ihr „eure" Natur bedroht seht. Nun. "Eure" Natur. Sie ist bedroht. Denn alle Dinge und Spiegel des alten Seins werden und müssen gehen. Versteht mich hier nicht falsch.

Es ist NICHTS Unrechtes daran, wenn ein Löwe eine Antilope reißt. Denn es ist ein vollkommen anderer Vorgang als der eure, wenn ihr euch eure Tiere einverleibt. Und das liegt in dem größten Missverständnis begründet, dem ihr unterliegt, was das Wesen des Menschen und das der Tiere betrifft.

Ich werde es euch erklären. Es ist nicht der Weg der Tiere, ihre Körper so weit zu verfeinstofflichen, dass sie eine nächsthöhere Daseinsebene erreichen können. Tiere sind Gruppenseelen, und ihre Erfahrungen sind Gruppenerfahrungen. Eine Ausnahme hiervon sind eure Haustiere, doch hierzu später mehr. Die Aufgaben und Wege dieser Gruppenseelen sind so vielfältig wie die Natur, in der sie leben, und umfassen grob- und feinstoffliche Bereiche. Die verschiedenen Arten unterliegen einer eigenen Evolution und sind — noch mehr als ihr — an die Evolution des Planeten gebunden. Und es gibt große Unterschiede in der Beschaffenheit der Gruppenseelen von zum Beispiel Säugetieren zu Fischen oder Insekten.

Erstere haben einen „besonderen" Status, da sie Platzhalter bestimmter Energien sind und die Gruppenseelen von Insekten eher im Hinblick auf Funktionalität in ihrer Verkörperung agieren. Es gibt also nicht „die Tiere", sondern nur die Welt oder den Kosmos der Tiere, deren Gemeinsamkeit in der Beschaffenheit ihrer Seelenstruktur liegt und im zentralen Kern des „Nicht-menschlich-Seins".

Es gibt individualisierte Formen in der Tierwelt, und sie sind es, die mit euch in engstem Kontakt stehen. Und es gibt Tierarten, die ihr noch nie gesehen habt und niemals sehen werdet, da sich eure Wege kaum berühren.

Die Andersartigkeit von Tieren aber ist es, die ihr in ihrer Gesamtheit nicht versteht, da ihr euch zu sehr mit ihnen vermischt habt. Denn die Seelen der Tiere sind viel tiefer mit ihrem Körpern verbunden, als es eure Seelen sind. Jede Zelle eines Tieres vibriert sozusagen die Seelenqualität der Gruppenseele, und wenn ein Tier das andere frisst, findet nicht nur eine Verbindung im Fleisch statt, sondern auch eine Verbindung auf Seelenebene, die genau so von den Gruppenseelen der Tiere gewollt ist. Es ist sozusagen ein Informations- und Energieaustausch, der bestimmten Zwecken dient, die jenseits eures Verständnisses liegen.

Dass sie in manchen Fällen die Form des „gewaltsamen Tötens" angenommen haben, liegt an dem Weg eurer, und somit dem Weg der gesamten Evolution eures Planeten bis zu diesem Punkt. Aber dieser Weg ist nun, wie ich euch bereits sagte, zu Ende und wird einer neuen Art zu sein Platz machen.

Dass dies ALLES betrifft, was ihr bisher für gegeben und unveränderlich hieltet, ihr Lieben, stellt für euch eine sehr große Herausforderung dar, die ihr, ohne in eurem Zentrum und somit in der Treue und dem Vertrauen zu sein, nicht werdet meistern können.

Was geschieht also, wenn ein Mensch ein Tier verzehrt, ihr Lieben?

In dem Moment, in dem ihr das Fleisch eines Tieres — egal, um was für ein Tier es sich handelt — aufnehmt, geht ihr eine sehr tiefgreifende Verbindung ein, die so für euch niemals vorgesehen war und die sehr große Auswirkungen auf alle eure Systeme hat. Zum einen nehmt ihr auf grobstofflicher Ebene Eiweiß in einer Form auf, die ihr nicht gut vertragt und die erhebliche Stoffwechselgifte in eurem Körper anreichert. Auf einer feineren Ebene nehmt ihr alle Emotionen, die dieses Tier je hatte, in Form von Hormonen, aber auch in noch feinstofflicherer Form auf, und das passt in keine „Schablone" eures Systems. Es ist eurem Triebsystem am Nächsten, und das ist es auch, was durch den Verzehr von Fleisch eine Überbetonung erhält, weil es der einzige gemeinsame Nenner zwischen euren Systemen ist.

Ihr nehmt aber auch die Seelenschwingung des Tieres auf, das ihr verzehrt, und das, ihr Lieben, bindet euch an die Materie und an die Erfahrungen der Tiere wie nichts anderes und fügt euch und euren Energiesystemen große

Schäden zu. Ihr beginnt, anders zu vibrieren, und je mehr Fleisch ihr verzehrt, desto weiter entfernt sich euer System vom wahren „Menschsein".

Ihr gebt sozusagen Teile eurer Göttlichkeit zugunsten einer Anbindung an ein Erfahrungssystem auf, das dem euren vollkommen fremd ist. Durch die Art der Haltung und die Qualen, die hierdurch entstehen, und die Art der Tötung und Weiterverarbeitung nehmt ihr darüber hinaus aber auch alles Leid und die Qualen der Tiere auf. Einiges an Leid auf dieser Welt ist ein Echo eurer Zellen, die das Leid der Tiere vibrieren.

Glaubt ihr tatsächlich, das alles trägt zu eurer Gesundheit bei?

Nun, denkt noch einmal darüber nach, ihr Lieben. Und schließlich nehmt ihr dadurch, dass ihr ein getötetes beseeltes Wesen verzehrt, auch sein Todeshormon mit auf. Ihr ladet sozusagen den Tod in euren Körper ein und beschleunigt euren eigenen Verfall um ein Vielfaches.

Und dennoch gibt es Menschen, für die der Verzehr von Fleisch vollkommen angebracht ist. Aber ihr seid nicht diese Menschen, ihr Lieben. Es sind eure Naturvölker beziehungsweise diejenigen unter ihnen, die Platzhalter bestimmter Erdenergien sind und sich von euch fast genauso unterscheiden wie die Tiere, mit denen sie sich bewusst verbinden, indem sie sie essen. Es ist dies ein heiliger Akt, in dem der Schamane mit der Tierseele für kurze Zeit verschmilzt, um einen Teil ihrer Qualität in den menschlich-irdischen Ausdruck zu bringen.

Es ist ein Geschenk der Gruppenseele des Tieres an den Schamanen, der wie die Tiere viel stärker mit seinem Körper und der Erde verbunden ist, als ihr es seid. Denn das ist seine Aufgabe seit Beginn seiner Reise – spezielle Energien der Mutter zu halten und zu bewahren, bis die Reise der Menschheit an den Punkt angelangt ist, weiterzugehen.

Noch einmal: Nichts ist euch im materiellen Sinn so nahe wie das, was ihr zu euch nehmt. Geht in euch und entwirrt die Fäden, in denen sich Mensch und Tier verfangen haben, sodass ihr wieder nebeneinander auf diesem Planeten leben könnt.

Die Gruppe der Tiere ist nicht länger bereit, die Qualen und das Leid, die ihr vom Menschen zugefügt werden, zu tragen. Und hierfür wird es eine Lösung geben, ihr Lieben. Wohl dem, der sie selbst erschafft. Doch auch hier gilt: Ihr, die ihr die Tiere liebt und euch um ihr Wohlergehen und ihre Erhaltung sorgt, übt auch hier die nötige Distanz, indem ihr die Andersartigkeit der Tierwelt lernt zu akzeptieren, und dass ihr keinen Einblick habt in ihren Plan.

Werdet nicht zu Eiferern für die Sache der Tiere, sondern haltet auch hier das rechte Maß an Nähe/Distanz, denn Eingreifen in einen Plan, der sich selbst entfalten will, solltet ihr zu keiner Zeit, und ihr habt es doch so oft getan. Und das gilt auch und vor allem für das Wohl und Weh eurer Mitmenschen.

Heiler: Lerne, dich zurückzunehmen und nur das Angebrachte zu geben.

Lerne, deinen Willen zur Heilung zurückzustellen, und lerne das NEIN der Seele des Menschen, der zu dir kommt, zu erkennen. Die Liebe wird dir immer zeigen, wann der richtige Zeitpunkt ist, einer Seele zu helfen, und wann die Hilfe aus einem "Sich-zurück-Nehmen" besteht.

Lass deine göttlichen Emotionen deine Führer sein. Und erlaube jeder Seele, ihre Lektionen selbst zu lernen.

Mutter: Sei deinem Kind nahe und behüte und beschütze es, damit es Wurzeln schlagen kann in dieser Welt, und dann gib ihm den Raum, den es braucht, um sich zu entfalten.

Vater: Motiviere dein Kind, damit es seine Stärke findet, aber übe Distanz, damit es sich nicht von dir getrieben fühlt.

Eltern: Liebt eure Kinder und zeigt ihnen diese Liebe selbst in der Strenge, die sie auch brauchen, denn ihr repräsentiert die göttlichen Eltern im irdischen Amt — also gebt euren Kindern Führung, — doch brecht niemals ihren gottgegebenen Willen.

Ehrt ihre Besonderheit und ihre Neugier, mit der sie noch so sehr verbunden sind, schützt ihre Unschuld. Seid ihnen Vorbild und Freund, aber vergesst hierbei nicht euren Platz. Lasst euch von der Liebe leiten, die euch auch zeigen wird, wann ihr Milde und wann scheinbare Härte walten lasst, und vergesst nicht, um Hilfe zu bitten, wenn ihr diese benötigt.

Das Amt der Eltern ist ein heiliges Amt, und groß ist die Aufgabe, einer Seele den Weg in die Materie zu zeigen. Doch wenn ihr in der Liebe seid, werden eure Kinder diese Liebe erwidern, die ihresgleichen sucht. Stärkt dieses Band, das die Grundlage für das Miteinander in eurer Welt ist, und so wird auch die Welt mit Liebe und Dank für das Geschenk eurer Kinder, das ihr gebracht habt, antworten.

Kinder: Ehrt eure Mutter und euren Vater, denn immer ist es Liebe, die euch zusammengeführt hat — auch und besonders dann, wenn ihr dieses am wenigsten vermutet.

Und wenn sie euch keine „guten" Eltern waren, so ehrt sie dennoch, denn sie sind der Schlüssel für so viele Münzen, die umzudrehen eure Seele sich vorgenommen hat. Denn alles, was euch je widerfahren ist, ist geschehen, um euch näher an eure wahre Bestimmung zu bringen. In voriger Absprache mit jeder Seele, die daran beteiligt war.

Und eure Eltern waren so oft Aktivierer eurer Urverletzungen, die so dringend geheilt werden möchten. Ehrt sie dafür. Denn ohne sie wärt ihr nicht hier und könntet eure Weg nicht gehen. Wenn es euch möglich ist, dankt ihnen in Liebe, und wenn das noch nicht geht, seht ihren Platz als Tor der Göttin, durch das ihr ins Leben getreten seid, und Gott, der euch das Leben gab. Schließt Frieden, ihr Lieben. Mit denen, die euch das Leben gaben, denn sie stehen vor euren göttlichen Eltern, und was ihr an Gefühlen und Gedanken eure irdischen Eltern betreffend in euch tragt, öffnet oder versperrt euch das Tor zu euren göttlichen Eltern. Es gibt für diese Heilung schon sehr gute Hilfe auf eurer Seinsebene.

Begegnet eurem Inneren Kind, falls ihr dies noch nicht getan habt, und nehmt es in euer Herz.

Heilt die Wunden eurer Kindheit, indem ihr die Münzen, die dort aktiviert wurden, umdreht, und schließlich: Vergebt euren Eltern und holt die Rituale nach, die vor langer Zeit am Übergang vom Kind zum Erwachsenen standen, damit ihr die Lösung von euren Eltern vollziehen könnt, die ihr braucht, um selbstverantwortlich durch euer Leben zu gehen.

Auch hierzu wird in einem anderem Buch mehr gesagt werden, denn ihr benötigt Distanz in allen euren Beziehungen, damit ihr wahrhaftige Nähe herstellen könnt.

Mehr noch: Ehrt eure Ahnen. Denn sie sind mit euch energetisch und über euer Blut und jede eurer Zellen verbunden. Indem ihr sie ehrt, wird alles, was sie gelernt haben, und all ihr Wissen auch für euch zugänglich, und „Familienwunden", die von Generation zu Generation weitergegeben werden, können heilen, wenn nur ein Mitglied dieser Familie seine Liebe in jeden Ast seines Stammbaums fließen lässt.

Wenn ihr wüsstet, wie einfach oft die Lösung für eure scheinbar großen Probleme ist, wenn ihr in der Liebe seid. Denn sie ist die größte Macht im Alles. Nichts kann der Liebe widerstehen. Und niemand kann sie wahrhaft vernichten.

Achtet auf die Beziehung, die ihr eingeht, und seid euch der Verantwortung, die ihr tragt, eurer Gefühle, die ihr aussendet, der Worte, die ihr sprecht, und dessen, was ihr tut, zu jeder Zeit bewusst.

Wenn ihr auf dem Weg der Liebe seid, ist alles, was ihr tut, ein Transportmittel für und ein Ausdruck von Liebe, und wie bei einem Steppenfeuer fällt mal hier und mal dort ein Funke auf trockenen Boden — kleine Feuer, die sich schließlich zu einem Flächenbrand ausweiten. Es gibt keine Zufälle auf dem Weg der Liebe, und immer werdet ihr in Situationen und zu Menschen geführt, die den Kontakt mit der Liebe in eurem Herzen dringend benötigen.

Also beginnt, immer alles und jeden mit den Augen der Liebe zu betrachten.

Und schließlich: Achtet auf das rechte Maß an Nähe/ Distanz in eurem Umgang mit den Gegenständen und Dingen eures täglichen Bedarfs.

Ihr dürft euch freuen an den Dingen, die euch umgeben. Aber achtet sorgsam darauf, euch nicht zu eng an

Dinge zu binden. Sie nicht „haben zu müssen". Denn der Besitz von Dingen ist ebenso eine Illusion, der ihr aufsitzt, wie der „Besitz" von Menschen. Ein Meister der Liebe hat die Münze der Gier und der Eifersucht gewandelt und umgedreht in Fülle und Selbstliebe. Denn die wahre Fülle kommt zu euch, wenn ihr genug Distanz haltet, um „nicht verhaftet" zu sein, ihr Lieben.

Und so schließe ich mit der fünften Lektion der Liebe, über die es noch so viel zu sagen gäbe. Doch wie ein Schüler in einer eurer Schulen, gilt auch auf dem goldenen Weg der Liebe: Benutzt euren Kopf und euer Herz und seht in das Wesen der Dinge, so wird euch das, was hier nicht gesagt wurde, offenbar werden, und ihr werdet wahre Meister im Tanz von Nähe und Distanz, so, wie ihr Meister eures Seins werdet.

Und dies, ihr Lieben, ist ein Versprechen, das sich für viele von euch erfüllen wird.

Amra nuber assai.
Ich bin Maitreya.

☆☆☆

Meditation

Geht in die Ruhe und betretet eure Blume des Lebens. Verweilt hier einen Moment und werdet euch der Größe eures Herzraums bewusst.

Nehmt die Richtungen des Vorne und Hinten, des Links und des Rechts wahr und spürt, dass ihr euch genau im Zentrum all dieser Richtungen befindet.

Hier in diesem Zentrum befindet ihr euch in absoluter Nähe zu euch selbst.

Und nun öffnet bewusst euer Herzchakra, indem ihr es darum bittet, auf seiner Vorderseite.

Fühlt es wie ein rundes Tor, das sich direkt in der Mitte eures Brustbeins öffnet. Hier befindet sich euer Zugang für liebevolle Verbindungen, zu allem, was euch in eurer Realität begegnet.

Und nun fühlt und seht, wie von eurer Blume aus leuchtende Farbstrahlen durch dieses Tor hinausströmen.

Es sind eure aktiven Liebesverbindungen zu Menschen, Tieren, Orten und Pflanzen. Seht euch die Strahlen genau an. Und erkennt, dass das Licht in ihnen aus euch herausströmt und wieder zurückfließt in euer Zentrum.

Einige wenige dieser Strahlen leuchten dunkler als die anderen, und die Energie in ihnen scheint fast zu stocken.

Es sind die Strahlen eurer verletzten Liebe, und sie hindern euch daran, die nötige Distanz zu wahren, wenn es angebracht ist, da sie wie kleine Türstopper wirken, wenn euer Herztor sich schließen möchte, um euer Zentrum zu schützen.

Visualisiert nun eine goldene Schere in eurer linken Hand und schneidet diese dunklen und glanzlosen Strahlen, die bis ins Zentrum eurer Blume reichen, ab. In dem Moment, in dem ihr sie abtrennt, fallen sie von euch ab und lösen sich auf.

Nun nehmt noch einmal bewusst euren Platz im Zentrum eurer Blume wahr und spürt die Öffnung eures Herzraums nach vorne. Nehmt einen tiefen Atemzug und bittet euer Tor, sich zu schließen. Es wird dies augenblicklich tun. Und zu eurer Überraschung stellt ihr fest, dass ihr dennoch in eurem Zentrum in der Liebe seid, auch wenn ihr den Austausch „nach vorne" bewusst unterbrochen habt. Übt diesen Vorgang des Öffnens und Schließens eures vorderen Herzraums, denn das ist es, was euch befähigt, Nähe zu üben und Distanz zu wahren, in dem Moment, in dem ihr es benötigt.

Immer dann, wenn etwas oder jemand in euch eine Emotion auslöst wie Wut, Ärger, Angst, Gier, Neid, Eifer-

sucht usw., schließt euer Tor und setzt euch in euer Zentrum, und ihr werdet SOFORT den nötigen Abstand erhalten. Dieses, ihr Lieben, wird euch dabei helfen, eure Münzen und eure Leben zu meistern, ohne erneut in die Spiele des Karmas eingebunden zu werden.

Übt dies täglich und vor allem im Umgang mit euren Nächsten und vergesst auch nicht, eure Liebe bewusst zu verströmen, wenn ihr euch sicher fühlt.

Wisset: Das Strömen aus dem vorderem Tor eures Herzens ist eure direkte Verbindung zu eurer Umwelt und euren Mitmenschen.

Aber es gibt noch sechs weitere Tore in eurem Herzen, und sie bewusst zu öffnen und zu schließen bedeutet, den Weg der Liebe vollkommen zu meistern.

Und nun, ihr Lieben, geht in euer Leben und lasst eure Liebe Heilung und Trost und Freude für viele sein. Doch nehmt euch zurück, wenn dies angezeigt ist. Denn: Euch selbst zu ehren und dafür zu sorgen, dass ihr euren Weg als Meister der Liebe gehen könnt, das, ihr Lieben, ist eure vornehmliche Aufgabe.

Ehret euch selbst und ehrt euer Herz.

Amra nuber assai
Ich bin Maitreya.

Kapitel 6

Seid gegrüßt, meine Lieben. Ich bin Maitreya. Weit seid ihr mir gefolgt in den sieben Lektionen der Liebe, und doch wird es für viele von euch sehr viel länger dauern, sie zu meistern, als es braucht, um meine Worte zu lesen. Doch wisset, ihr Lieben: Zeit, wie ihr sie kennt, ist ein Konstrukt, das es euch ermöglicht, zu lernen. Nicht mehr und nicht weniger. Und deswegen ist auch die Dauer eines Weges eine Illusion. Wisset, geliebte Brüder und Schwestern, euer Weg ist bereits beschritten. Seit dem Moment, in dem ihr euch entschlossen habt, diese Zeilen zu lesen. Es ist bereits vollbracht. An einem Zeitpunkt in eurer Zukunft, die für den Schöpfer und die Schöpferin die Gegenwart bedeutet. Denn es ist alles eins. Verbindet euch mit dieser Wahrheit und eurer Meisterschaft der Lektionen der Liebe, und eure Wege werden eine Beschleunigung erfahren, dass sich Zeit in ihrer Qualität nach der Absicht ihres Schöpfers richtet. Und ihr seid die Schöpfer eurer eigenen Zeit, ihr Lieben. Vergesst das nie. Und so möchte ich mit euch auf die sechste Sprosse der Leiter steigen. Die sechste Lektion der Liebe, die den Weg zur siebten ebnet. Die sechste Lektion der Liebe lautet

Heilung

Ihr Lieben. Die Heilung ist eine Lektion der Liebe, die wie die Reinheit ein Geschenk an euch darstellt. Denn es gibt NICHTS in den Weiten des Alles, das reiner, unbegrenzter Liebe standhalten kann. Liebe heilt alles. Und diese Heilung ist eine Lektion, weil ihr dies nicht glauben könnt, ihr Lieben. Über viele Leben habt ihr im Außen nach Liebe und Heilung gesucht, bei Partnern oder Menschen, deren Liebe eure Wunden heilen sollte. Und sie wurden größer, eure Wunden. Denn niemals wurde euch von einem anderen Menschen reine, unbegrenzte Liebe geschenkt. Immer war sie bedingt und begrenzt. Denn wisset: Reine, unbegrenzte Liebe strömt nur aus einem Herzen, das sich von allen Begrenzungen befreit hat. Dann erst ist diese Liebe Balsam für alle eure Wunden und Verletzungen. Wahre Heilung strömt von innen nach außen und geschieht in einem Augenblick. Alles, was ihr tun müsst, ist, die Tore in eurem Herzen, die euch mit Gott und der Göttin verbinden, zu öffnen und offen zu halten und die Heilung, die in der Liebe in eurem Innersten liegt, wahrhaft anzunehmen.

Die Kraft eurer geläuterten Herzen vermag sogar, eure Zellinformationen zu verändern, und das hat Auswirkungen auf alle, die mit euch im Blut verbunden sind. Denn alles ist eins, und die Zellen von Eltern und Kindern hören niemals auf, untereinander zu kommunizieren. Und so, ihr Lieben, wenn ihr Eltern seid und die Kraft der Heilung, die in der grenzenlosen Liebe liegt, nutzt, verändern sich auch die Erbinformationen in den Zellen eurer Kinder. Doch wisset: In dem Moment, in dem ihr eure Liebe verströmt, um beispielsweise bewusst die Zellen eurer Kinder zu verändern, begrenzt ihr eure Liebe und unterwerft sie einer Bedingung: der Bedingung, dass Heilung stattfinden soll. So, ihr Lieben, funktioniert das aber nicht. So kann nur begrenzte Heilung stattfinden.

Unbegrenzte Heilung beinhaltet unbegrenzte Liebe. Nun. Was ist unbegrenzte Liebe? Es ist ein Verströmen eurer Liebe ohne die Zugabe eurer Absicht. „Liebe, tue, was du willst!“ Lasst dies euer Mantra werden, und ihr werdet wahrhaft Wunder der Heilung erleben. Werdet zum Beobachter der heilenden Kraft eures Liebesstroms und seht, was geschieht.

Ihr Lieben. Wenn ihr wüsstet, wie viel Heilung ihr benötigt. In eurem Bewusstsein nehmt ihr Krankheiten wahr, vielleicht einige Münzen und Muster, die Heilung benötigen. Die Wahrheit jedoch ist: Euer Wesen, euer Menschsein, benötigt Heilung durch eure Entwurzelung vor so langer Zeit. Jeder Bereich eures Daseins trägt die Spuren und Abdrücke eurer Verletzungen. Wie lange würdet ihr brauchen, nur um sie für euch sichtbar und damit bewusst zu machen!

Welche Bereiche eures Seins benötigen Heilung, ihr Lieben? Ihr kennt die Antwort. Es sind alle. Aber es gibt keinen Bereich, den die Liebe nicht erreichen könnte. Und das schließt eure Vergangenheit, eure Zukunft und selbst die Anteile von euch ein, die derzeit nicht im Fleisch wandeln. Zunächst, ihr Lieben, solltest ihr die Bereiche eures Seins, die Heilung benötigen, identifizieren. Ich werde euch hierbei helfen und die wichtigsten nennen:

Körperliche Ebene: Organe, Zellen, Knochen, Blut
Feinstoffliche Ebene: Organe, Zellen, Knochen, Blut
Spirituelle Ebene: Organe, Zellen, Knochen, Blut

Ihr habt richtig gelesen. Ihr wisst vielleicht, dass jedes eurer Organe eine feinstoffliche Entsprechung in euren Chakren und in eurem Meridiansystem innehat. Aber ihr besitzt mehr „Organe“, als ihr wisst. Und sie erfüllen auch spirituelle Funktionen, die ebenso wie ihr physischer Ausdruck verwundet sein können. Die Einheit dieser drei Funktionsbereiche ist essentiell für eure Gesundheit, mehr jedoch noch für die Fähigkeit, euer Bewusstsein über die euch bekannten Grenzen hinaus auszudehnen. Das Wissen über die dreifache Natur eurer Strukturen wird Grundlage sein für eine neue Art zu heilen, denn sie existieren auch in unterschiedlichen Zeitqualitäten. Dies zu verstehen und zu erklären ist jedoch nicht Teil dieser Abhandlung. Nur so viel: Unbegrenzte Liebe verbindet diese drei Bereiche wieder zu einem, und es entsteht eine neue Form. Eine vierte, die euch den Begriff der wahren Gesundheit verstehen lassen wird.

Die Liebe, die eurem Herzen entströmt, ist sozusagen Magnet und Kleister in einem. Sie führt die voneinander getrennten Funktionseinheiten wieder zueinander und hält sie zusammen.

Ihr fragt euch, wie dies funktionieren mag. Nun, ihr Lieben, es geschieht Schritt für Schritt und Ebene für Ebene. Beginnt mit eurer körperlichen Ebene und lasst eure Liebe aus eurem Zentrum heraus in jede eurer Zellen fließen. Verwendet Zeit und Sorgfalt darauf und lernt die Organe eures Körpers kennen. Lasst eure Liebe überfließen und nehmt eine dankbare und demütige Haltung all euren Zellen gegenüber ein, denn sie sind die wahren Meister eurer Materie und tragen die Fähigkeit der Vollkommenheit in sich, so, wie ihr selbst. Stellt die Einheit zwischen euch und eurem Körper durch das Band der Liebe wieder her, die aus eurem Herzen strömt. Nehmt euch jeden Tag etwas Zeit dafür. Zeit, in der ihr nichts anderes tut, als euer Herz und eure Liebe zu öffnen für euren Körper und ALLES, was darin enthalten ist und wirkt. Ihr könnt dies mit System tun, indem ihr euch an einem Tag den Knochen, an einem anderen Tag euren Organen zuwendet.

Oder ihr folgt dem natürlichen Fluss eurer Liebe. Doch auch hier gilt: Knüpft keine Gedanken der Erwartung an diese „Arbeit“. Erlebt und erfahrt sie mit all eurem Sein, bis durch jede eurer Zellen Liebe vibriert und so angefüllt ist damit, dass sie, im wahrsten Sinne des Wortes, überläuft. Wenn dies geschehen ist – und erst dann – werdet ihr spüren, wie der Strom eurer Liebe zurück zu eurem Herzen fließt. Das ist die Antwort eures Körpers. Gebt euch diesem Erleben ganz hin und seht, wie der Strom dieser Liebe zu eurem Zentrum und von dort nach links fließt, zu einem Tor, ungefähr auf Höhe eurer Achsel. Öffnet dieses Tor und geht zusammen mit dem Strom eurer Liebe hindurch. Ihr seid nun in eurem „feinstofflichen Körper“. Er ist eurem grobstofflichen Körper sehr ähnlich, und wie dieser beinhaltet er die euch bekannten Körperstrukturen, nur in einer feineren Form und mit anderen Funktionen.

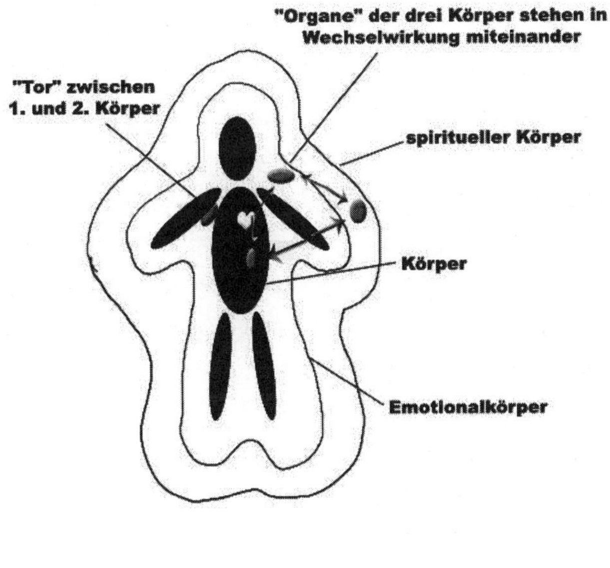

Ich werde hier nicht im Einzelnen auf die Funktionen eurer feinstofflichen Organe und Zellen eingehen, da dies, wie gesagt, an anderer Stelle genauer ausgeführt wird. Ihr solltet jedoch wissen, dass alle Organe in diesem Körper der Verarbeitung, Filterung und Transformierung von Energien dienen, damit diese dann von euren grobstofflichen Organen „verdaut" oder gespeichert werden können. Hier ist auch der wahre Sitz der meisten eurer Münzen und eure emotionale Struktur beheimatet. In eurem derzeit noch aktiven System wird die Verbindung dieser zwei Körper, des grob- und feinstofflichen, über eure Chakren gesteuert. Indem ihr das Tor in eurem Herzen durchschreitet, erhaltet ihr aber nun einen direkten Zugang, der euch so noch nicht möglich war. Der einzige Schlüssel zur Öffnung dieses Tores ist die überströmende grenzenlose Liebe in eurem Herzen. Ihr werdet den Unterschied zwischen einer Phantasiereise und dem tatsächlichen Durchschreiten dieses Tores wahrhaftig spüren, ihr Lieben, denn eure Wahrnehmung in eurem feinstofflichen Körper unterscheidet sich grundlegend von der euch vertrauten.

Wisset: Das Maß der Unbegrenztheit eurer Liebe wird darüber entscheiden, wie umfassend eure Heilung sein wird, und so ist dieses wie der goldene Weg der Liebe für die meisten von euch ein Prozess. Für einige wird es einige Atemzüge in Anspruch nehmen, für andere werden diese Atemzüge einige eurer Monate und Jahre füllen. Lasst die Geduld eine enge Gefährtin eurer Liebe sein und seid euch eures Ziels gewiss. So werdet ihr schließlich ankommen, ihr Lieben. Ein jeder von euch. So, wie es euch bestimmt ist.

In eurem feinstofflichen Körper werdet ihr euer Zentrum ebenso spüren wie in eurem grobstofflichen Vehikel. Denn wisset: Die ursprüngliche und wahrhaftige Verbindung eurer drei Körper, der Raum, der sie untereinander verknüpft und zusammenhalten soll, ist euer Herzraum.

Setzt die gleiche Übung eurer überströmenden Liebe in diesem Körper fort und seid euch dabei bewusst, dass ihr einigen eurer verborgenen Münzen dabei begegnen werdet, und die Liebe, die eurem Herzen entströmt, auch Abdrücke vergangener und paralleler Existenzen zu heilen vermag.

Es ist möglich und sehr wahrscheinlich, dass die Tage, die auf diese „Übung" folgen, allerlei „Überraschungen" für euch bereithalten. So werden eure Zellen mit Reinigung der alten und nicht mehr benötigten Informationen reagieren. Dies kann sich in leichten Erkrankungen wie Schnupfen, verschiedensten Formen des Unwohlseins, aber auch in Form einer echten Grippe manifestieren, die euch zwingt, einige Tage in die Ruhe zu gehen.

Eure Zellen „verabschieden" jetzt große Mengen an nicht mehr benötigten Prägungen, die vieles für euch in der Vergangenheit erschwert haben. Die Symptome einer Erkältung oder ähnlicher „Erkrankungen" sind Ausdruck der Anpassung eurer Zellen an die erhöhte Schwingung, mit der sie nun über die reine Liebe versorgt und verbunden sind.

Doch dies ist nur ein Teil dessen, was ihr erleben werdet. Einige von euch, die starke „Todesprägungen“ in ihren Zellen tragen, werden einige Tage scheinbar schwerer Erkrankung durchleben. Sorgt euch nicht, ihr Lieben, und lehnt euch nicht dagegen auf. Tut alles, um euren Körper bei der nun anstehenden Reinigung zu unterstützen und feiert eure Symptome. Sie sind euer Indikator für die wahrhaftige Veränderung, die ihr nun durchleben dürft.

Alle Münzen, die nun für euer Leben eine zentrale Bedeutung in Form eines Hindernisses darstellen, werden nun in eurer Bewusstsein treten. Das ist die Entsprechung eurer körperlichen Reinigung, und ihr werdet euch teilweise fühlen, als hättet ihr nie zuvor von den Lektionen der Liebe gehört. Ihr Lieben: Wisset, dass es vorübergeht, und versucht, eine Position des Beobachters einzunehmen. Denn eure verborgenen Ängste und tiefsten Charakterprägungen scheinen nun ein Fest zu feiern. Doch es ist dies ein Abschiedsfest, an dessen Ende ihr wie neu geboren sein werdet. Versucht, den in euch aufkommenden Gefühlen und Ängsten keinerlei Energie zuzuführen. In dem Moment, in dem ihr ihrer gewahr werdet, macht euch bewusst, dass ihr lediglich den Strom eurer Liebe auf sie richten müsst; und sie werden sich drehen, so es eine Münze ist, oder ausgeleitet, so es ein Grundmuster der

Angst ist. Ihr könnt diese „Phase“ als Kampf erleben, in dem sich alles scheinbar gegen euch verschworen hat, oder ihr erlebt es als das, was es ist: eine intensive Reinigung und Neuorientierung, die, wie in eurer Natur, mit gewaltigen Stürmen einhergehen kann.

Bleibt fest in der Gewissheit, was euch erwartet, wenn die Stürme sich gelegt haben, und versucht, die bereits vorhandene Ruhe und den Frieden hinter diesen Stürmen zu spüren. Nichts wird euch geschehen. Nichts, außer das Geschenk der Befreiung von so vielen eurer Fesseln. Doch auch hier gilt: Für einige sind es ein paar Tage, für andere wird es länger dauern und sich in Etappen vollziehen. Wie auch immer es für euch sein wird, wisset: ES geschieht ohne Wertung und liegt einzig und allein am Plan eurer Seele und eurer Bereitschaft, die Dinge des alten Seins vollkommen hinter euch zu lassen. Doch für jeden von euch wird der Tag kommen, an dem euer Herz ein neues Lied anstimmt; an dem ihr euch in einem Ausmaß mit allem euch umgebenden Leben verbunden fühlt, das ihr nie für möglich gehalten hättet. An dem ihr die Geheimnisse des Lebens selbst gewahr werdet, indem ihr einfach eure Aufmerksamkeit darauf richtet und alle eure Fragen in einem Augenblick beantwortet sind. Es ist dies der Tag, an dem die große Reinigung abgeschlossen ist und jede eurer Zellen verbunden ist mit dem euch umgebenden Sein. Dies, ihr Lieben, ist das Ziel eurer Reise.

Oh, ihr werdet weiter in einem Körper sein und weiterhin euer Leben führen. Doch die neue Beschaffenheit eurer Zellen wird es euch ermöglichen, direkt mit diesen Leben zu kommunizieren; mit der Essenz der Liebe, die fast jedes Sein auf eurem Planeten durchdringt. Könnt ihr die Schönheit, die darin liegt, erahnen? Die Heilung, die in der Kraft der Liebe und der eurer geläuterten Herzen liegt, ist so umfassend, dass es kaum noch Situationen geben wird, die ihr nicht in Liebe annehmen werdet können. So werden sie Wandlung erfahren. Denn die Liebe in euren Zellen, in euren neuen Körpern, tritt nicht nur mit dem euch umgebenden „belebten" Sein in Kontakt, sondern auch mit den energetischen Gegebenheiten eines Ortes, einer Beziehung oder einer Situation. Doch auch hier wird das Erste, was ihr feststellen werdet, die Antwort auf eure Liebe, nicht immer das sein, was ihr erwartet. Liebe ist der größte Transformator im gesamten Universum, ihr Lieben. Und auch Liebe in eine Situation zu bringen, an einen Ort oder in eine Beziehung kann bedeuten, dass die Resonanz auf diese Liebe nicht sofort als Antwort in Liebe zu erkennen ist. Denn alles, was existiert, ist sozusagen gezwungen, auf Liebe zu reagieren, und so kann es geschehen, dass bestimmte „Schwingungsmuster" sich zunächst zu verstärken scheinen, bevor sie der transformierenden Kraft der Liebe erliegen und sich wandeln. Es ist immer als Reinigungsprozess zu betrachten. Doch wisset: Nichts kann sich wahrer reiner Liebe wahrhaft widersetzen.

Doch es gibt noch mehr zu sagen über die Heilung, ihr Lieben. Heilung in Liebe betrifft, mehr noch als eure

Körper, eure Muster und Emotionen, mehr noch als eure Verbindungen zu Orten und Menschen, euer Herz.

Euer Herz, ihr Lieben, euer Herz.

Unverwundbar in seiner Essenz, und doch so verletzt. In so vielen Leben, die euch von dem entfernten, was Teile eures Seins als Einheit im Sein kannten. „Wie ist das möglich?“ werdet ihr fragen – und, ihr Lieben, die Antwort auf diese Frage kann euer Verstand nicht fassen. Das kann nur euer Herz. Denn es weiß um sein Sein. Es weiß um sein Sein und wartet seit eurem ersten Atemzug als Mensch auf seine Erlösung durch die heilende Kraft der Liebe, die in ihm ruht.

Euer Herz, eurer feinstoffliches Tor, eure direkte Verbindung zu Gott und Göttin, ist der Raum, in dem eure Seele zu Hause ist, so ihr die sieben Lektionen der Liebe wahrhaftig im Herzen lebt und erlebt. Dies ist ein Prozess, der sich vollzieht; nach eurem Ermessen zuweilen recht langsam, denn ihr braucht Zeit, in der ihr eure Systeme, vor allem aber auch eure Lebensumstände, den Veränderungen eures Bewusstseins und eurer Liebesfähigkeit anpassen könnt.

Die Heilung eures Herzens durch die Liebe ist in Wahrheit ein Ausdehnen eures Herzraums auf euer gesamtes Sein und alle eurer Felder. Dies bedeutet eine enorme Veränderung für alle eure Systeme und, vor allem, für eure emotionalen Felder.

Euer Herzraum, „Sitz“ eurer Liebesfähigkeit, Heimattor eurer Seele, wird so groß, dass ihr „mehr“ eurer Heimat in eurem Leben als Mensch mit euch tragen könnt. So werdet ihr immer mehr zu inkarnierten Universen – und dies, ihr Lieben, ist ein Bild, das ihr instinktiv versteht, während euer Geist sich darüber wundert. Ihr werdet mehr und mehr „Alles-was-ist, war und je sein wird“, ihr werdet mehr und mehr die fleischgewordene Inkarnation Gottes und der Göttin in eurem Herzraum, die dann euer gesamtes Sein mit einschließt.

Und dies, ihr Lieben, ist der letztendliche Schlüssel zu wahrer Meisterschaft in Liebe. Es war und ist die Botschaft eines jeden wahren Meisters, der zu euch spricht. Denn „geht nach innen und lauscht“ bedeutet: Findet den kleinen „Punkt“ in der Mitte eures Herzens, der ein Sandkorn vom Strand eurer Heimat ist, und lasst diesen „Punkt“ zu einem Tor werden, — und die Heimat ergießt sich in euch. Das ist der wahre Grund, warum ihr im „Außen“ keine Antworten findet und keine Lösung, denn die „Erlösung“ eures Seins liegt im Werden eures eigenen Ursprungs. Und dann, ihr Lieben, findet ihr die „Lösung“ auch im vermeintlichen „Außen“. Dann erst werdet ihr wahrhaft erkennen, dass ihr nicht getrennt seid von den Dingen und Menschen, die euch umgeben. Denn sie sind dann ebenso in euch, wie sie um euch herum sind.

Ich sagte euch bereits, dass Heilung ein Geschenk ist, ebenso wie die Reinheit. Denn, ihr Lieben, ab einem gewissen Punkt auf eurem Weg der Liebe geschieht sie einfach. Die Heilung durch Liebe und die Heilung eures Herzens. Doch wie so oft könnt ihr zuweilen die Geschenke des Weges an euch nicht als solche erkennen. Denn sie kommen mitunter in Gewändern, die nicht nach Heilung aussehen. Und so fragt ihr euch vielleicht – so ihr bis hierher mit mir wahrhaft gegangen seid und meine Worte nicht „nur" gelesen habt: Wo ist sie, die Heilung? Mein Schmerz ist größer als zuvor. Mein Sein scheint im Chaos zu versinken. Vielleicht denkt ihr, dass es wie in eurer „Naturheilkunde" eine Erstverschlimmerung auf dem Weg der Liebe gibt. Und ich sage euch: Das ist nicht so. Es gibt eine Phase der Erlösung. Und ihr könnt sie als Verschlimmerung eurer Situation erfahren, weil ihr euch der wahren Situation eures bisherigen Seins nicht vollkommen bewusst sein könnt. Ihr könnt es nicht, weil niemals in euren Schriften darüber gesprochen wurde und ihr es vergesst, sobald ihr als Menschen inkarniert. Euer Herz, der „Zustand" eures Herzens, ist maßgeblich dafür verantwortlich, inwieweit ihr euch wahrhaftig ausdehnen könnt, um zu werden, was ihr wahrhaftig seid: Meister der Liebe. Ein jeder von euch. Universen der Schöpfung. Ein jeder von euch.

Und so gibt es euer Herz. Und es gibt das Herz der Menschheit als Ganzes. Denn alles ist eins. Und es gibt das universelle Herz der Frauen. Und es gibt das universelle Herz der Männer eures Planeten. Und sie alle bedürfen wahrhaftig der Heilung. Tragen sie doch Narben um ihr Herz, die so verdichtet sind, dass sie wie Eisenketten darum liegen. Und diese „Ketten“ gilt es zu sprengen. Diese Ketten verhindern die Ausdehnung des Herzraums der Menschheit, und somit die „Erlösung“ der Menschheit als Ganzes. Es gibt euer Herz. Und es trägt die Ketten mit euren Namen darauf. Und das hat nichts mit Karma zu tun, ihr Lieben. Es sind Narben, die Urverletzungen eurer Seele darstellen, und sie stammen nicht oder kaum aus eurem Spiel als Menschen, das ihr Karma nennt. Karma findet außerhalb eures Herzens statt. Die Öffnung eures Herzens und das wahrhaftige Durchschreiten eures Herztors beendet das Spiel des Karmas, das sich auf die Erfahrungsebene eurer Chakren und Felder bezieht. Die Narben um euer Herz, ihr Lieben, betreffen die Verletzungen, die ihr als Gott und Göttin mit euch tragt. Wie kann das sein, Maitreya? Gott und Göttin sind doch nicht zu verletzen! Und ich sage euch, ihr Lieben: Ab einer bestimmten Stufe des Seins gibt es Verletzungen, die Gott und die Göttin durch euch und das, was euch geschah, als ihre Kinder als Teile von ihnen direkt erfuhren – durch euch und euer Erleben dieser Verletzungen auf Seelenebene. Und das bezieht sich zum allergrößten Teil auf die Verdunklung und Knechtung der Frauen, und somit der Göttin auf eurem Planeten.

Und so ihr Frauen auf dem Weg der Liebe seid und euer Herz auf dem Weg der Heilung, bedarf es, um die Ketten zu sprengen, einer „Begegnung“ mit der Energie, die die Narbe verursachte.

Und so ihr Männer auf dem Weg der Liebe seid und euer Herz auf dem Weg der Heilung, braucht es Begegnungen mit Frauen, die diese Verletzungen in ihrem Dasein verkörpern, damit sie euch vollkommen bewusst werden und ihr durch euer Tun und eure Liebe zu diesen Frauen einen Gegenpol zu diesen „kollektiven" Verletzungen der Göttin auf eurem Planeten setzen könnt.

Und es braucht die Begegnungen mit der Energie des Verursachers, damit ihr in eurer Rolle als inkarnierter Gott ein klares „Nein" zur Verletzung der Göttin in jeder Frau setzen könnt.

Der Weg der Liebe, ihr Lieben, so ihr ihn wahrhaftig beschreitet, ist ab einem gewissen Punkt, in dem Moment, in dem ihr das Rad des Karmas hinter euch gelassen habt, vollkommen geführt von eurer Seele und den lichten Ebenen eures Seins. Je mehr ihr eure „Heimat" sich in euch ausdehnen lasst, desto mehr steuert eure Heimat auch eure Schritte, und eure Persönlichkeit tritt mehr und mehr zur Seite. Und dies, ihr Lieben, führt euch direkt zu der Erfahrung, die Heilung für euer Sein und euer Herz bedeutet. Denn ihr steuert euer Erleben nicht mehr wie zuvor durch eure bewussten und unbewussten Gedanken. Vielmehr werdet ihr gesteuert. Hin zu den Erfahrungen, die euer Herz noch benötigt, um sich vollkommen ausdehnen zu können. Zu den Erfahrungen, die euch den Weg zur siebten Lektion der Liebe ebnen. Und dies, ihr Lieben, bringt euch in Kontakt mit Schmerzen auf kollektiver Seelenebene. Denn dann erst seid ihr bereit und auch energetisch in der Lage, diese Schmerzen in Liebe zu transformieren.

Und so gibt es jene unter euch, die nur hierher kamen, um einen enormen Liebesdienst für die Menschheit zu vollbringen.

Es gibt jene unter euch, die bereit sind, Teile dieses kollektiven Schmerzes durch ihr Erleben und die Umwandlung in ihrem Herzen zu transformieren.

Versteht mich hier nicht falsch. Jeder, der den Weg der Liebe geht, dient gleichzeitig der Menschheit als Ganzes. Denn durch das Erweitern eures Herzens und eurer Liebe setzt ihr enorme Energiemengen frei. Energien, die von da an anderen Suchenden zur Verfügung stehen. Ihr kreiert energetische Landkarten im kollektiven Feld der Menschheit, die „gelesen“ werden können und mit denen andere Menschen mit ähnlichen Münzen wie den euren in Kontakt treten können. So schlagt ihr einen Pfad durch einen zuvor zugewucherten Dschungel. Einen Pfad, dem andere folgen können. Doch es bleiben eure Münzen, die ihr umdreht, und euer Karma, das ihr erlöst.

Doch es gibt Seelen unter jenen, die auf dem Weg der Liebe wandeln, deren Liebe zur Menschheit so groß ist, dass sie stellvertretend für viele bestimmte Narben um den Herzgürtel der Menschheit – der Männer und der Frauen – in ihrem Leben aktivieren, um sie zu heilen. Denn es gibt „Themen“ und „Bereiche“ eures Erlebens als Gott und Göttin in inkarnierter Form, die so tiefe Wunden geschlagen haben, dass sie nie in Liebe erlöst wurden. Und dies ist ein Teil des großen Problems, vor dem die Menschheit als Ganzes steht.

Jene Seelen, deren Herz so stark ist, selbst die größten Schmerzen, die die Menschheit erfahren hat, selbst in Liebe zu erleben — und sie in Liebe zu heilen, — sind jene, die die siebte Lektion der Liebe, die auf die Heilung folgt, wie ein Stromschlag ereilt. Denn es sind nicht ihre persönlichen Narben, die sie heilen. Es steht nicht ihr Name darauf. Und wenn du dich hiervon berührt fühlst, geliebtes Wesen, so wisse: Wir wissen um deinen Schmerz. Und er ist nicht umsonst! Du wirst unendlich geehrt für dein Geschenk, das du in Liebe gibst. Und du heilst mit ihm die Wunden der Menschheit — die Narben um das menschliche Herz, die es von Gott und der Göttin trennen.

Ihr alle, die ihr dieses lest, gebt nicht auf, wenn euer Weg den Verlust geliebter Menschen beinhaltet. Ihr gebt nicht auf, wenn euch scheinbar Gewalt widerfährt, wo ihr nur Liebe gegeben habt. Denn für jeden von euch wird es Momente geben, in denen ihr alleine zu sein scheint – in Dunkelheit, in der Fremde, verlassen, verraten, verleumdet. Und einzig euer Herz ist da. Unermüdlich. Stetig. Strömend. Und es singt in euch das Lied eures Seins und eurer Herkunft. Haltet stand in diesen Momenten und werdet still. Denn es geht nicht darum, erkannt zu werden. Haltet stand und bleibt in der Liebe, die in eurem Herzen wohnt.

Und wisset um euer Sein. Verteidigt es nicht nach außen. Wisset um euer Sein. Und euer Herz wird über euch hinauswachsen und die Ketten sprengen. Dies kann in einer kurzen Abfolge von Erlebnissen geschehen, oder euer ganzes menschliches Leben dauern. Die Hingabe an den Weg des Herzens gibt letztendlich den Ausschlag für die scheinbare Geschwindigkeit, mit der sich diese Heilung vollzieht. Doch wisse, geliebtes Wesen: Dies ist kein Wettlauf. Es gibt keine Trophäen oder Preise zu gewinnen. Es ist der krönende Abschluss einer langen Reise, und es gibt jene unter euch, die die Reise auskosten wollen, und jene, die es eilig haben. Und es gibt jene, die diese Reise zu einem anderen Zeitpunkt fortsetzen wollen. All dies ist nicht von Bedeutung, denn der Weg der Liebe gestaltet sich für jede Seele individuell. Und jeder scheinbare Umweg, jede Verzögerung, jedes scheinbare Scheitern hat seinen festen Platz im Fahrplan eures Herzens, dessen Entwicklung sich ab einem gewissen Zeitpunkt selbstbestimmt vollzieht.

Geliebte Wesen. Die Heilung durch Liebe, die Heilung eurer Körper, eurer Leben, eures Seins als menschliche und gleichzeitig göttliche Wesen – die Heilung durch Liebe vollzieht sich tatsächlich erst dann vollkommen, wenn euer Liebestor, Herkunftsort eurer Liebesfähigkeit, vollkommen geöffnet ist und selbst geheilt wurde. Dies kann aber erst dann geschehen, wenn genügend eurer anderen

Daseinsebenen Heilung erfahren haben, damit ihr bereit und befreit genug seid, um diese für euch so schmerzhafte Wandlung zu vollziehen. Doch wisset: An diesem Punkt eurer Entwicklung kann euch der Schmerz nicht mehr in der Tiefe erreichen. Es ist mehr ein Erinnern daran, dass Erfahrungen Schmerzen für euch bedeuten können. Eure Liebe ist mittlerweile so groß, dass nichts sie mehr wahrhaftig erschüttern kann. Nicht einmal euer Herz und dessen Narben, durch das sie strömt und das sie heilen wird – ohne jeglichen Zweifel.

Und so, ihr Lieben, schließe ich mit der 6. Lektion der Liebe, die euch ein heilsamer und lehrreicher Begleiter sein wird und euch die Augen und Herzen öffnet, so kurz vor dem Ziel eurer Reise. Denn es ist fast vollbracht. Nehmt einen tiefen Atemzug und klopft euch den Staub aus den Gewändern, meine geliebten Brüder und Schwestern. Es war eine wahrhaft lange Reise. Für jeden Einzelnen von euch, seit wir uns zuletzt begegnet sind. Von Angesicht zu Angesicht. Streckt eure Rücken, hebt eure Köpfe und blickt voller Stolz und Ehrfurcht zurück auf die lange Reihe eurer Leben bis zu diesem Moment.

Und wenn ihr bereit seid, so folgt mir und geht mit mir gemeinsam den letzten Schritt – nehmt die letzte Sprosse der Leiter, die siebte Stufe der Lektionen der Liebe. Es ist so weit, geliebte Wesen. Und die Freude auf unserer Seite des Schleiers ist mit euren Worten nicht zu beschreiben. Nehmt meine Hand, haltet inne und feiert diesen Moment in der Mitte eures Herzens, bis ihr beginnt, euer Lied, euren Gesang aus seiner Mitte zu vernehmen. Dann seid ihr bereit für diesen letzten Schritt, für den es keine Meditation gibt und keine Anweisung. Ihr selbst bestimmt diesen Moment, und ihr wisst, wann er gekommen ist. Ich werde euch erwarten. In Liebe und unendlicher Freude.

Amra nuber assai.
Ich bin Maitreya.

☆☆☆☆☆

Kapitel 7

Geliebte Wesen. Nie zuvor wurden diese Worte in eurer Sprache gesprochen. Sie wurden nur gesungen in der ewigen Sprache der Mutter und des Vaters.

Und so möchte ich euch bitten, kurz innezuhalten, die Augen zu schließen und diesen Gesang zu hören, bevor ich versuchen werde, ihn in eure Sprache zu übersetzen. Dieses Lied, diesen Gesang, ihr kennt ihn alle und kennt ihn doch nicht. Denn ihr hört ihn zum ersten Mal bewusst als menschliche Wesen. Und so ist die siebte Lektion der Liebe – mehr als alle anderen – keine Lektion, sondern die Stimme Gottes und der Göttin selbst, die zu euch spricht. Sie ist das Ende der Reise, und es gibt keine Worte für sie, da eure Worte nicht mehrere Ebenen des Seins ausdrücken können. Und so nehmt sie zunächst in der Sprache, die lange nicht mehr existiert auf eurer Seinsebene und doch nie aufgehört hat zu sein und eine Sprache der Liebe ist. Lasst die Bedeutung tief in euer Herz sinken. Die siebte Lektion der Liebe lautet

Ka-dasch-a – Heimkehr

Ihr Lieben. „Heimkehr“ bedeutet, das erste Mal bewusst als erlöste Wesen in einem menschlichen Körper, mit geläutertem Herzen, sehenden Augen und in unendlicher Liebe in die Hallen eurer Herkunft einzutreten. Der Schlüssel zu diesen Hallen heißt FREIHEIT.

Freiheit ist keine Lektion der Liebe, sondern die Quintessenz all ihrer Lektionen. Freiheit ist der rote Faden, der euch von Stufe zu Stufe, von Sprosse zu Sprosse, von einer Lektion zur nächsten trägt. Freiheit, ihr Lieben, ist der Notenschlüssel für die Musik der Liebe und die Tinte, mit der die Worte der Liebe geschrieben werden. Freiheit ist der verborgene Schlüssel in jeder Lektion der Liebe, und Freiheit und Liebe sind eins. Denn mit jeder Erkenntnis, die in euer Herz fällt und es beflügelt, geht etwas von eurem alten Sein und ermöglicht es eurer Liebe, zu wachsen.

Mit jeder Lektion der Liebe habt ihr etwas von eurem Ballast abgeworfen und euch schließlich so weit befreit, dass euer Herz die letzte Grenze sprengen kann. Absolute Freiheit, ihr Lieben, existiert nicht wirklich, denn ihr seid gebunden an gewisse Gesetzmäßigkeiten – doch Freiheit in Liebe. Oh ja. Sie existiert, und sie ist es, die euch die Erinnerung daran zurückbringt, wie es ist, ein Teil des Windes und der Wolken zu sein. Eine Schaumkrone auf einer Welle, eingebettet in den Schoß der Großen Mutter, die allem Sein das Leben gab. Aufzugehen in Allem-was-ist, ohne Angst, sich aufzulösen – das ist Freiheit in Liebe. Das ist grenzenlose Liebe und das ist Ka-dasch-a: die Heimkehr.

Ich möchte euch etwas über die Zahlensymbolik, die in den sieben Lektionen der Liebe verborgen ist, erzählen. Sie ist nicht zufällig, diese Zahl „7". Und ihre Quintessenz, die Freiheit, liegt in ihr verborgen. Lasst mich dies erklären. Die Sieben ist die mystische Zahl aller Einweihungswege. Sie beinhaltet die 1, die Meisterung des Ichs; die 2, die Wendung des Ich nach innen; die 3, das fruchtbare Hervorbringen des Inneren ins äußere Sein; die 4, die Stabilisierung dieses Seins; die 5, die Übergabe dieses Seins an eine höhere Instanz; die 6, die Entscheidung, alles in Liebe hinzugeben und den letzten Schritt zu tun: in der 7 nach Hause zu kommen. In euren Tarotkarten ist dieses Geheimnis verborgen. Sie enden nicht mit der 7. Karte „Der Wagen", der für den freudigen Aufbruch des Helden steht. Doch diese Karte birgt das Geheimnis und den Schlüssel zum Tarot. Denn die Meisterung der sieben ersten Karten entspricht den ersten sieben Einweihungen der alten Zeiten. So ist die Sieben hier ein Erreichen der nächsten Stufe bis zur 14. Karte, die den Abschluss der nächsthöheren Einweihungsstufe bedeutet, und gipfelt schließlich in der 21, „Die Welt", die für das Ende der Reise steht, die euch auf Erden bisher möglich war.

Das ist der Einweihungsweg der dreifachen Sieben. Doch die sieben Lektionen der Liebe, ihr Lieben, beinhalten ein Tor, das im „klassischen“ Einweihungsweg zwar enthalten ist, aber für sich steht. Der Narr, die 22. Karte, die gleichzeitig die Zahl 0 enthält, ist das Tor, durch das ihr schreitet, und zwar in dem Moment, in dem ihr euch entscheidet, den Weg der Liebe durch euer Herztor zu gehen. Ihr verlasst dadurch den „alten“ Weg der dreifachen Sieben und „befreit“ euch von der 4, die symbolisch als Quersumme in der 22 enthalten ist. Ihr befreit euch vom Weg der Materie, der exakt 21 Stufen vorsieht. Der Weg der Liebe ist also ein Zusammenschrumpfen aller Einweihungswege auf die ursprüngliche Zahl 7. Und das bedeutet, ihr begebt euch in die Freiheit. Von Anfang an. Die Zahl, die für Freiheit steht, ist die 0. Der Weg der Liebe entbindet euch von allen anderen Wegen, und so müsstet ihr sagen, zu jeder „Zahl“, jeder Lektion der Liebe, gehört die 0 dazu. Die Freiheit, euer Herztor, das ihr zu Beginn eurer Reise durch die Lektionen der Liebe durchschritten habt. Ihr müsst euch nicht damit befassen und auch nicht verstehen, ihr Lieben. Doch der Einweihungsweg der dreifachen Sieben, der in der 21 endet, bedeutet: Ihr müsst sterben, um durch die 0, die der Narr symbolisiert und der gleichzeitig für die Zahl 22 steht, die die Meisterung der Materie bedeutet, zu gehen.

Das Todestor war bis jetzt das einzige Tor, das euch möglich war, um diesen letzten Schritt zu gehen. Ihr musstet sterben, um „heimzukommen“. Ihr musstet eure körperliche Hülle hinter euch lassen. Dies liegt ebenfalls im Geheimnis der dreifachen Sieben verborgen.

Es gäbe viel zu sagen über die Wege, die ihr auf der Suche nach Meisterschaft gegangen seid. Ihr findet die Botschaften der Entsprechungen in allen euch hinterlassenen Systemen. Auch das Todestor, das ihr durchquert, weil eure Körper, eure Zellen, das, was euch widerfährt, wenn ihr die Erleuchtung erlangt, nicht verkraften können und es so durchschreiten mussten, wolltet ihr „weitergehen".

Der Pfad der dreifachen Sieben enthält die Zahl 3, und diese bezieht sich auf die Materiegürtel, die ihr als Mensch durchdringen müsst, um in die wahrhaft höhere Schwingung der Freiheit in Liebe zu gelangen.

Nun, was sind Materiegürtel, und warum solltet ihr sie durchdringen?

Ich werde es euch erklären. Damit ihr hier auf eurer Seinsebene existieren könnt, ohne euch gleich wieder aufzulösen und einzugehen in Alles-was-ist, benötigt ihr „Begrenzungen". Eine dieser Begrenzungen ist das, was ihr seht, wenn ihr in den Spiegel blickt, ihr Lieben. Eure körperliche Hülle, die sich aus den gleichen „Bauteilen" zusammensetzt wie der Planet, auf dem ihr lebt. Die nächste Begrenzung stellt euer feinstoffliches Vehikel dar, euer Astralkörper, und als Letztes euer spiritueller Körper. Sie entsprechen in ihrer Gesamtheit dem 1. Materiegürtel, denn sie sind Teil eures Systems als menschliches Wesen.

Was geschieht auf dem Weg der Liebe mit euch, ihr

Lieben? Wird eure Liebe größer? Lernt ihr, die Zusammenhänge des Seins besser zu verstehen? Nein. Ihr werdet euer Herz. Ihr werdet Liebe. Ihr werdet Liebe. Und das ist der Unterschied zu allen „klassischen“ Pfaden der Meisterschaft. Der Weg der Liebe ist nicht der Weg der langsamen Erkenntnisgewinnung und deren Integration. Es ist nicht der Weg, der auf ein sich ständig wachsendes Bewusstsein ausgerichtet ist. Denn wisset: Alle diese Wege stoßen früher oder später an die Grenzen dessen, was einem menschlichen Körper, einem menschlichen Gehirn, möglich ist. Es ist eurem Geist nicht möglich, sich tatsächlich über die nächsten beiden Materiegürtel, die um euch und euren Planeten bestehen, hinaus auszudehnen, ohne eurer Körper zu verlassen. Und es ist eurem Geist, eurem Bewusstsein, sollte es euch tatsächlich gelingen, mit ihm auch den dritten Gürtel zu durchdringen, nicht möglich, wieder in euren Körper zurückzukehren. Ihr sterbt – im Aufstieg. Denn jenseits des 3. Materiegürtels ist die Bewusstseinsebene der Aufgestiegenen Meister.

Doch es ist eurem Herzen möglich. Und das, ihr Lieben, ist eine Botschaft, die euch jubeln lassen sollte vor Freude. Ein einziger Mensch ist diesen Weg in seiner Gänze gegangen. Ein einziger Mensch dehnte sein Herz so weit aus, dass es den 3. Materiegürtel durchbrach. Ein Mensch ließ sich inkarnieren, um euch dieses Geschenk zu bringen. Ihr wisst, von wem ich spreche. Jeshua Ben Joseph, den ihr Jesus nanntet, und der euch, in meine Energie gemantelt und von mir durchdrungen, diesen Weg aufzeigte und vor über 2000 Jahren das Fundament legte, damit ihr ihn heute beschreiten könnt. Und so sage ich euch erneut in aller Eindringlichkeit: Wenn ihr den Weg in euer Herz gefunden habt, lasst euch niemals wieder, ich wiederhole, NIEMALS WIEDER von dort vertreiben! Nehmt die Lektionen der Liebe als Schlüssel, denn sie ermöglichen euch die Ausdehnung eures Herzens. Von der anfänglichen Größe eines Punktes in eurem Brustkorb, bis hin zu einem unbegrenzten Herzen, das alles in sich einschließt.

Ihr, die ihr dieses lest. Habt ihr auf eurem Weg zuweilen versucht, außerkörperlich zu reisen? Mit eurem Astralkörper? Hat es funktioniert? Das ist der Weg des alten Seins. „Die alte Schule", wenn ihr so wollt, und ihr solltet keinen Atemzug daran verschwenden, es zu üben. Es ist für Menschen, die sich schon zu Beginn entschieden haben, den alten Weg zu gehen, und es ist die bewusste Trennung eures Körpers von eurem Energievehikel.

Der Weg des Herzens, der ein Ausdehnen des Herzens bis zu seiner ursprünglichen Größe vorsieht, bedeutet: Ihr braucht euch nicht aus eurem Körper hinauszuprojizieren, um irgendwohin zu gehen. Es nimmt euch den Schutz eures Herzens, das euch vor Verletzungen bewahrt. Wenn sich euer Herz über die Grenze eurer Körperlichkeit hinaus ausgedehnt hat, könnt ihr in eurem Herz einfach losspazieren.

Denn wisset: Euer Herz ist KEIN Chakra. Es ist nie eins gewesen. Es übernahm nur für lange Zeit diese Funktion, ihr Lieben. Euer Herz ist das, was ihr im Ursprung seid, und das ist der Grund, warum es für euch so wichtig ist, euch dort aufzuhalten — „Es“ zu werden.

Jede Lektion der Liebe „sprengt“ die Bande, die um euer Herz liegen, bis zu dem Moment, in dem es sich vollkommen ausdehnen kann. Es ist nicht zu vergleichen mit dem, was ihr unter „Erleuchtung“ versteht. Erleuchtung betrifft das Bewusstsein, das sich in der Folge vom Körper löst. Es war lange Zeit der einzig gangbare Weg. Doch die „Wiederherzung“, die „Erliebung“, wenn ihr so wollt, ist der Prozess, der euch wahrhaftig zu Meistern der Materie macht. Da ihr in ihr bestehen bleibt und euch demnach „über sie“ erhoben habt und über sie hinausgewachsen seid. Das ist kein Bild, ihr Lieben. Es ist kein Bild.

Die Lektionen der Liebe und die Heilung eures Herzens brachten euch an den Punkt eures Weges, der euch in die Lage versetzt, den großen Schritt zu gehen. Über den Abgrund – in euch. Dieser Abgrund, ihr Lieben, ist das, was ich den 2. Materiegürtel nennen möchte. Und es ist dies der „Schleier“, der euch von den euch umgebenden und in euch befindlichen „höheren“ Dimensionen des Seins zu trennen scheint. Er ist dunkel, dieser Abgrund, und tief, und er ist in jeder eurer Zellen enthalten. Er verbirgt sich in eurer DNS – er ist der „Abstand“ zwischen den aktiven zwei Strängen und den „inaktiven“ elf. Ja, ihr Lieben. Es sind dreizehn Stränge, denn einer ist der Abgrund selbst. Und auch das müsst ihr nicht verstehen. Doch ihr werdet es sehen. Es werden keine Worte für euch bleiben, solltet ihr bereit sein, den Weg bis zu Ende zu gehen. Das, was zwischen dem 1. und 2. Materiegürtel ist, IST der Abgrund, ihr Lieben. Das ist die reine Energie der Quelle. Es ist dies die Schwärze des Alles, von der ich sprach, und es ist dies der Stoff, aus dem alles Leben gewebt ist, und der alles Leben verbindet. Es ist dies eure „Schöpferkraft", denn in ihr sind ALLE Illusionen eures Seins enthalten. Sobald ihr etwas „glaubt" oder als Wirklichkeit akzeptiert, „schöpft" ihr diese Realität aus der Schöpfungssubstanz, die im Abgrund enthalten ist. Und so bleibt ihr gebunden an die Ebenen und Dimensionen diesseits des Abgrunds, bis ihr tatsächlich erkannt habt, dass alles Illusion ist und ihr die Illusionen, in denen ihr euch befindet, losgelassen habt.

Den Abgrund könnt ihr nur überwinden, indem ihr sterbt. Oder aber, ihr überwindet ihn mit der Kraft der Liebe in eurem Herzen. Versteht mich hier nicht falsch, geliebte Wesen. Durch „gewöhnliches" Sterben ist dieser Abgrund nicht zu überwinden. Wenn ihr sterbt, so geht ihr in den Abgrund. Denn in ihm sind die astralen Ebenen enthalten. In ihm ist eure Akasha-Chronik und die euch bekannten Dimensionen eures Seins. Die magnetischen Eigenschaften eurer Zellen und eurer „Seelenvehikel" bestimmen, wie sehr ihr von der Ebene jenseits des Abgrundes angezogen werdet, und somit auch euren Aufenthaltsort nach eurem physischen Tod. Sie bestimmen die „Erfahrungsebene" zwischen den Leben. Der Abgrund ist also auch der Ort, an dem ihr euch zwischen den Leben aufhaltet und von wo aus ihr in ein neues Erdenleben zurückkehrt, ihr Lieben. Es ist euren Seelen möglich, „Kontakt“ zu euren höheren Aspekten zu erhalten, die sich jenseits des Abgrundes aufhalten.

Dieser „Kontakt“ findet über sogenannte Brücken zwischen der Ebene der Meister und Wesen, die außerhalb der euch bekannten Dimensionen existieren, und der euren statt. Diese Brücken sind entweder die Meister selbst, die in der Lage sind, den Abgrund zu überwinden, oder die Hierarchie der Engel. Denn Engel unterlagen niemals dem Zyklus der Evolution der Seelenwanderung, und sie sind somit frei, sich überall in den Weiten des Alles zu bewegen. Sie sind jenseits von Illusion und Dimension, und so sind meist sie es, die euch die Botschaften aus den Welten jenseits eurer Erlebnis- und Erfahrungswelten übermitteln. Und das ist ein Schlüssel für euch für das, was ihr als Channeln bezeichnet oder auch den Kontakt zu Wesen, die „durch“ oder zu euch sprechen.

Innerhalb eures Systems gibt es den zentralen Kanal, der es feinstofflichen Wesen ermöglicht, die sich in höheren Dimensionen befinden, mit euch zu kommunizieren. Für diese Art der Kommunikation gibt es auch wieder die vertikale und die horizontale Ausrichtung, und die Ausrichtung bestimmt auch die „Qualität“ der Durchgabe. Und die Tiefe der übertragenen Information. Woher eine Information stammt, ist entscheidend für den universellen „Wahrheitsgehalt“, wenn ihr so wollt. Informationen, die aus höheren Dimensionen zu euch gelangen, also durch eure Krone, hinabgeleitet werden, zeichnen sich dadurch aus, dass sie von Wesen stammen, die innerhalb des Dimensionsgefüges sind. Also zum Beispiel in der Fünften oder Sechsten Energiedichtedimension existieren. Sie können euch also auch nur Auskunft geben über das, was innerhalb dieser Dimensionsspirale existiert. Das betrifft vor allem Durchgaben, die sich mit technischen Dingen befassen, die auf eure „Zukunft“ als Menschen ausgerichtet sind, oder auch von Wesen stammen, die auf anderen Sternensystemen leben als ihr und in ihrer Entwicklung innerhalb der Dimensionsspirale als Wesen weiter fortgeschritten sind. Dennoch sind dies meist Informationen, die begrenzt sind. Und dennoch können sie sehr wertvoll sein. Entscheidend ist der Anteil an horizontaler Information oder auch Liebe, der mit dieser Botschaft übertragen wird, denn die horizontale Übertragung funktioniert ausschließlich über euer Herz. Und das ist auch der Ort, von dem aus ihr selbst eine Brücke schlagen werdet über den Abgrund durch eure göttliche Essenz, die im Inneren eures Herzzentrums vibriert und es euch erlaubt, diese Verbindung selbst herzustellen, wenn ihr euer Herz so weit befreit habt, dass sich seine Tore geöffnet haben.

Ich werde euch nun dieses „Modell“, das ein vollkommen Neues für euch ist, versuchen, genauer zu erklären, ihr Lieben.

Der Prozess des Weges durch die Dimensionen zurück zur Quelle allen Seins – zurück zur Quelle eures Schöpfungszyklus, findet innerhalb eurer Erfahrungsebene statt.

Wenn ihr so wollt, ist dies ein Weg mit vertikaler Ausrichtung – von unten, nach oben. Es ist natürlich nur ein Bild, aber eines, das ihr sofort zu verstehen in der Lage seid, da es eurem linearen Denken sehr entgegen kommt.

a)

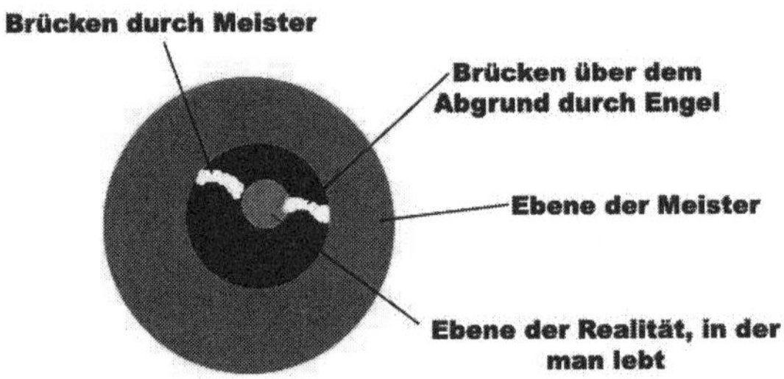

b)

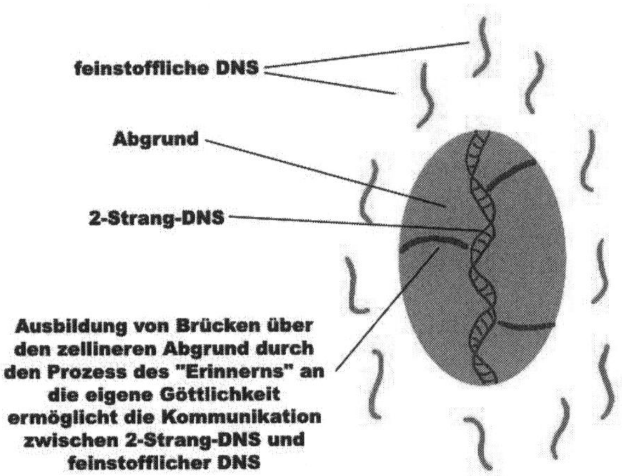

c)

Evolution durch "Aufstieg", vertikale Ausrichtung

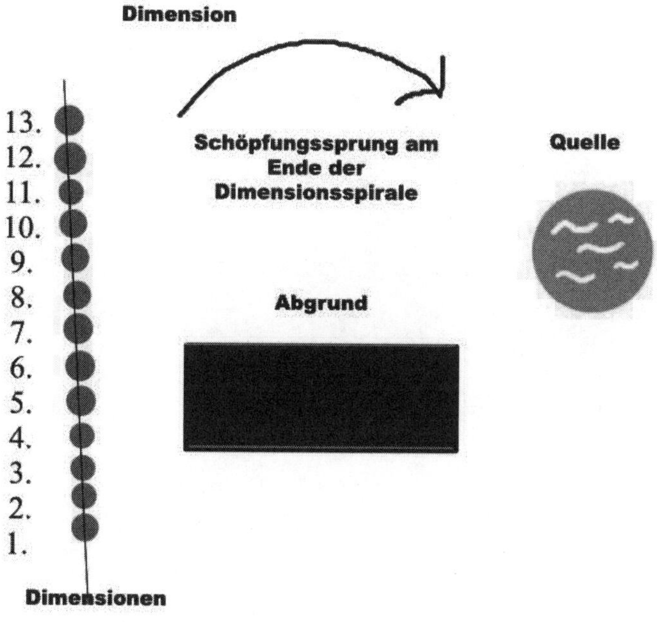

d)

"Ausstieg" aus der Dimensionsevolution "Erleuchtung" / horizontale Ausrichtung

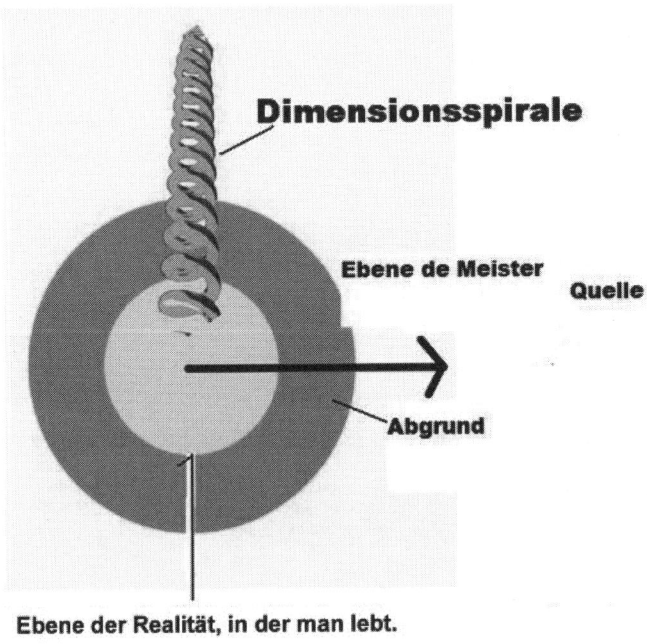

e) "Channeln"

e1

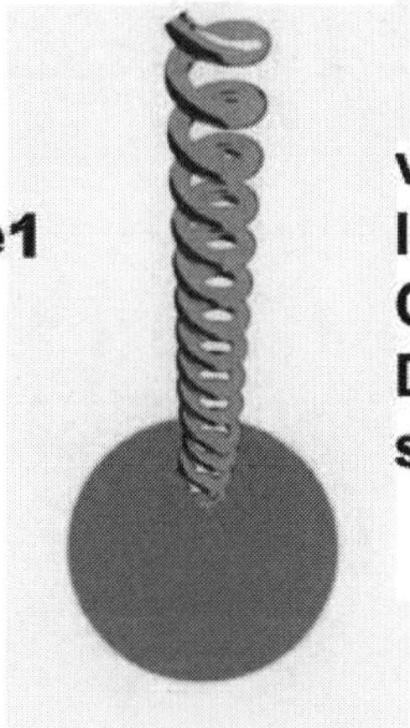

vertikale Ausrichtung = Information, die aus Quellen innerhalb der Dimensionsspirale stammt.

e2)

horizontale Ausrichtung =
Information, die aus Quellen jenseits des Abgrundes stammt und / oder übertragene Liebesenergie in der Botschaft.

Eine Kombination aus e1 und e2 ist möglich und findet oftmals statt.

So steigt ein Planet, und mit ihm die auf ihm lebenden Geschöpfe, so lange auf in der Dimensionalität des Seins, bis er die Dreizehnte Dimension erreicht hat und am Ende der Dimensionskette angelangt ist. Hier findet eine Art Explosion statt, die ihn hinaus aus der Dimensionsspirale befördert und direkt zurücktransportiert zur Quelle dieses Schöpfungszyklus über den Abgrund hinaus.

Das ist der Weg, den die Menschheit und euer Planet als Ganzes zusammen mit eurem Sonnensystem und Universum gehen, ihr Lieben.

Es ist der Weg, den wir Aufstieg nennen, denn er entspricht einem Aufsteigen innerhalb des Dimensionsgefüges. Dieser Weg folgt den Gesetzmäßigkeiten, die innerhalb der verschiedenen Dimensionen wirken und somit auch dem Konstrukt von Raum und Zeit, von dem ich in einem anderen Buch mehr berichten werde.

Es gibt aber einen Weg, der euch direkt zurück nach Hause führt, ihr Lieben. Der Weg der Liebe, in seiner Absolutheit beschritten, erlaubt euch die vertikale Ausrichtung, die Evolution der Dimensionen zu verlassen und direkt den Abgrund zu überbrücken.

Es ist dies der horizontale Weg, der einem Ausstieg aus dem Dimensionsgefüge und den Illusionen dessen gleichkommt, was ihr und alles Sein, das sich innerhalb der Dimensionsspirale erlebt, sich als Realität erschaffen, indem sie aus dem Abgrund schöpfen. Es ist dies die Erleuchtung in ihrer umfassenden Bedeutung, ihr Lieben.

Jenseits dieser Dimensionsspirale ist Ka-da-scha, die Heimkehr, und jenseits dieser Spirale existiert die Freiheit des Seins, die euch vorzustellen ihr gerade einmal begonnen habt, geliebte Wesen.

Es ist der Weg, den die Meister gingen und der nun gangbar ist für euch, ohne dass ihr eure körperlichen Vehikel aufgeben müsst.

Ihr tragt die Herkunft „jenseits“ der Dimensionsspirale in euren Körpern — auf Zellebene. Denn eure Herzen stammen von dort, geliebte Wesen, und die Besonderheit in ihrer Bauweise sollte euch einen Hinweis darauf geben. Das Gewebe eure Herzens ist einzigartig in eurem Körper. Es gibt keine vergleichbaren Zellen. Es besteht aus glatter Muskulatur, die zwar euren Muskelzellen ähnelt, aber dennoch vollkommen andere Eigenschaften aufweist. So können eure Muskelzellen wachsen und wieder in ihrem Wachstum abnehmen. Euer Herz kann das nicht, ihr Lieben. Es wächst. Aber die Abnahme dieses Wachstums ist nicht vorgesehen. Und so verhält es sich auch mit eurem Herzzentrum, das sich ausdehnen, nicht aber erneut verkleinern kann. Das ist nicht möglich.

Im Kapitel Heilung sagte ich euch bereits, dass alles, was ihr seid, auch eine Entsprechung in eurer Körperlichkeit innehat. Nun. Dies wird sich in den kommenden Jahren und Zeiten mehr und mehr für euch in seiner Gesamtheit offenbaren, und eure körperlichen Abläufe und sogar eure Zellen werden sich mit euch verändern. So, wie ihr den Abgrund überwinden werdet, wird auch eure DNS den um sie befindlichen „Abgrund" überwinden und eine Verbindung eingehen zu euren multidimensionalen DNS- Strängen, die die Reiche der Engel und Meister repräsentieren. Dies beginnt in den Zellen eures physischen Herzens. Von dort wird sich die Information nach und nach auf alle eure Organe und Zellen übertragen und erreicht schließlich die Zellen eures Gehirns, was zu dem Erlebnis führt, das ihr als Erleuchtung bezeichnet und was einer Entfaltung eures Gehirns nahekommt. Wir nennen es

Ka-Da-scha – Die Heimkehr.

Denn dann werdet ihr wahrhaftig sehen, was ihr nun erahnt, und wahrhaftig erleben, was es bedeutet, frei zu sein. Ihr werdet die Multidimensionalität eures Seins erkennen und euch selbst besuchen in all den Welten, in denen ihr und Teile eures Selbst existieren. Ihr werdet euch das Lied der Freiheit vorsingen und selbst zu Wesen werden, von denen ihr jetzt als Aufgestiegene Meister sprecht. Und jene, die auf Meisterebene darauf warten, dass ihr ihren Platz einnehmt. Ihr, die ihr wählen werdet, dieses zu tun, werdet weitergehen in ihrem eigenen Prozess der Entfaltung des Seins.

Die Freiheit der Wahl des Weges, den ihr weiter beschreiten möchtet, ist euch dann vollkommen gegeben. Und so wisset, ihr Lieben, die ihr mir gefolgt seid bis hierher. Wisset um euer Sein, das sich nun mehr und mehr in euch und um euch herum zu entfalten beginnt.

Wisset, dass es eure göttliche Herkunft ist, die euch dazu befähigt, euer Herz zu werden. Dass es eure göttliche Herkunft ist, die es euch ermöglicht, diesen Schritt über den Abgrund nach Hause zu gehen.

Und so werden einige von euch innerhalb der Dimensionskette bleiben, um dort ihren Weg fortzusetzen. Einige von euch werden sie verlassen. Und andere werden jenseits und diesseits des Abgrunds sein, um hier und dort das Lied der Schöpfung zu singen. Multidimensional bedeutet, dass ihr all dies sein könnt — zur gleichen Zeit, und dennoch jenseits davon. Ihr als Teile Gottes und der Göttin. Als Teile der Quelle, die all dies in sich vereint.

Und so wird diese Reise, die vor so langer Zeit begann, in eurem Verständnis von Zeit und die aus multidimensionaler Sicht vergleichbar ist mit Kreisen, die sich von einem Zentrum aus in die Unendlichkeit ausdehnen, weitergehen. Ihr werdet frei die Geheimnisse der Schöpfung erkunden, und das Lied der Freiheit wird durch die Weiten des Alles erklingen. Das ist eure Wahl. Und manche von euch werden aufbrechen und die Geheimnisse jenseits der Ebene der Meister erkunden, dem nächsten

Abgrund entgegen, denn auch das ist ein Bild, das sich bis in die Unendlichkeit fortsetzt. Bis hin zu anderen Quellen des Seins und anderen Schöpfungszyklen — jenseits der Quelle allen Seins. Doch dies, ihr Lieben, ist eine andere Geschichte. Kein Weg ist je zu Ende.

Und so werdet ihr nach so lange Zeit die Ruhe in diesem Wissen finden, die ihr braucht, um wahrhaft euer Herz zu sein. Um zu erkennen, dass dies niemals ein Bild war, sondern ein tatsächlicher Vorgang. Ihr werdet aus eurem Herzen schöpfen und lieben. Ihr werdet aus eurem Herzen heraus atmen und mit Allem-was-ist bewusst und vollkommen verbunden sein, da es innerhalb eures Herzens ist. Ihr selbst werdet zu Quellen eurer bewussten Schöpfungen und zu Leuchtfeuern für die Wege der Menschheit.

Geliebte Wesen, wisset, dass die nachfolgende Meditation so lange eine Meditation bleiben wird, bis ihr die vorangegangenen sechs Lektionen der Liebe vollkommen integriert habt. Bis eure Körper und Energiekörper sich darauf ausgerichtet haben und ihr eure Herznarben tatsächlich geheilt habt. Dann wird das einsetzen, was wir den Tod des Egos nennen und was die Entfernung des letzten Schleiers bedeutet, der euch von eurem wahren Zuhause trennt. Der Tod des Egos steht unmittelbar vor eurer Reise über den Abgrund, und es bedeutet, dass ihr den Schleier, den Filter, den ihr als menschliche Wesen durch das Eintreten in diese Dimension, durch das Eintreten in die Matrix, das Gewebe eurer Realität erhaltet wie eine Prägung oder einen Mantel, der um eure Wahrnehmung liegt, endgültig ablegt. Dies ist der letzte Schritt in die Freiheit und der erste Schritt in eine vollkommen neue Art zu sein für euch.

Seid euch bewusst, dass das, was wir Ego nennen, nicht das Gleiche ist, was ihr unter Ego versteht. Es betrifft nicht eure wahre Identität als Wesen oder auch nur als Menschen. Es betrifft eure „künstliche" Identität – eure Kontrollmechanismen, die ihr durch diesen künstlichen Filter erhalten habt, damit ihr eure Reise als Folge von Ursache und Wirkung erleben könnt, geliebte Wesen. Alles, was ihr in euren Emotionalkörpern als Münzen tragt, läuft, bevor es als Gefühl in eurer Wahrnehmung ankommt, über diesen Filter und wird bewertet. Wird dieser Filter entfernt und somit das Ego, der große „Bewerter" eures Seins, „getötet", erlebt ihr Gefühle aus eurem Emotionalkörper wieder in ihrer ursprünglichen und göttlichen Kraft und Intensität. Dies kann eine Zeit lang sehr verwirrend und anstrengend für euch sein, bis ihr lernt, mit dieser neuen Art, wahrzunehmen und zu empfinden, umzugehen. In ihrer ursprünglichen Kraft sind dies Teile eurer Schöpfungswerkzeuge, und ihr werdet wieder lernen, sie zu leben und zu „gebrauchen", doch dies, ihr Lieben, zu ergründen und zu erforschen, ist an euch. Dies zu tun und zu leben ist die Freude am Sein selbst, und Worte können nicht beschreiben, wie es ist, wenn ein Wesen zurückfindet in seine göttliche Seinsweise und Schöpfungsmacht in all ihrer freudvollen Verspieltheit und Kraft.

Dann erst wird das letzte Siegel entfernt, das euer göttliches Kind von seiner wahren Heimat trennte. Euer göttliches Kind, das ihr als euer Inneres Kind bezeichnet und das euer Unterbewusstsein bislang regierte und das ihr mehr oder weniger geheilt hattet, wird dann seine endgültige Heilung erfahren und aufsteigen in euer Herz. In seine wahre Herkunft als göttliches Wesen. Das ist der Aufstieg des göttlichen Kindes durch den Ring aus Feuer, den ihr aus Mythen und Legenden kennt und der sich in euch als Durchgangstor auf Höhe eures Solarplexus mit der Wegnahme des Egofilters entfalten wird. Ihr werdet noch einmal durch all die Emotionen gehen, die euer Inneres Kind in sich trägt, und sie endgültig erlösen, indem ihr sie fühlt und euch erlaubt, sie zu fühlen. In ihrer ursprünglichen, göttlichen Kraft. So gelangt euer Inneres Kind in euer Herzzentrum, um dort mit eurem inneren Mann und eurer inneren Frau zu einer Einheit zu verschmelzen. So werdet ihr schließlich in eurem Herzen ein Abbild der heiligen Dreifaltigkeit aus Gottmutter, Gottvater und dem göttlichen Kind. Und ein Kreis wird sich schließen – eine neue Tür sich öffnen.

So wird der Tag im Leben eines jeden Einzelnen von euch kommen, da ihr mich wahrhaft erkennen und zu mir sagen werdet: „Es ist vollbracht. Ich grüße dich, Maitreya, in mir und in dir.

Denn wir sind eins."

Und so werden wir die Worte austauschen, die ihr nun so oft gelesen habt:

Amra nuber assai.

Ich bin das Licht, das die Dunkelheit durchdringt, um zu ihrem Ursprung zurückzukehren.

Amra nuber assai.
Ich bin Maitreya.

☆☆☆

Meditation

Legt euch für diese Meditation nieder und schließt eure Augen.

Atmet tief ein und aus und geht in euer Herz. Seid dort und beatmet euren Herzraum und beginnt langsam, ihn mehr und mehr auszudehnen. Spürt, wie euer Herzraum mit jedem Atemzug wächst und mehr von eurem Körper einnimmt. Atmet euer Herz so groß, bis es sich über die Grenzen eurer Körperlichkeit hinaus ausgedehnt hat, und weiter über die Grenzen eurer Energiekörper, und weiter bis über die Grenzen eures Hauses, eurer Wohnung, eurer Umgebung, eurer Stadt...

Atmet. Seid. Seid euer Herz. Dehnt es aus, dehnt es aus. Atmet, dehnt es aus, bis es euren gesamten Planeten umschließt, und weiter. Dehnt es so weit aus, wie es euch möglich ist, und seid geduldig. Dies kann einige Stunden dauern. Doch irgendwann habt ihr euer Herz so weit ausgedehnt, bis es alles umschließt, was ist. Wenn ihr es so weit ausgedehnt habt, dann spürt IN euch.

Was ist nun in euch enthalten?

Gibt es noch etwas, das ihr IN euch verurteilt?

Lasst nun dieses Urteil los. Erkennt die Illusion, die in jeglichem Urteil enthalten ist, und wie diese Illusion Welten erschafft aus Schöpfungssubstanz aus dem Abgrund, den ihr nun bereit seid, zu überwinden. Alles ist nun in eurem Herzen. Auch das vermeintliche Unrecht und die vermeintlichen Täter und Opfer aller Seinsebenen. Ihr tragt sie nun in eurem Herzen, und dort ist all dies in diesem Moment einfach das Sein selbst. Beginnt nun, alles loszulassen, woran ihr je als Glaubenssatz festgehalten habt. Sprecht:

„Ich lasse alle Illusionen über das Sein und die Beschaffenheit des Seins los. Ich entlasse sie aus meinem Herzen, das alles in sich vereint, was ist."

Spürt, wie sich eventuell Widerstand aufbaut, der von eurem Verstand kommt, und lasst ihn gehen. Stellt nichts diesem Loslassen in den Weg. Wisset, dass ihr dabei seid, euch vollkommen zu befreien. Wenn ihr spürt, dass ihr tatsächlich ALLES losgelassen habt, nehmt einen tiefen Atemzug und öffnet in eurem Herzen die Augen. Seht die Schwärze des Nichts vor euch und sprecht:

„Im Vertrauen in das Sein im Herzen Gottes und der Göttin, das auch mein Herz ist, gehe ich nun nach Hause. Om-Ra. Ich bin frei!"

Dann macht einen Schritt in dieses Nichts und lasst euch fallen. Und wisset: Ihr werdet auf der anderen Seite dieses Nichts aufgefangen und begrüßt werden.

Wisset, dass es eine Reise ist durch dieses Nichts — durch den Abgrund, die einige Tage oder Wochen dauern kann, in denen ihr euch vielleicht etwas bezugslos in eu-

rem Leben fühlt. Doch wisset: An einem Tag werdet ihr erwachen und angekommen sein. Auf der anderen Seite. Am Ziel eurer Reise.

Und so ist es.

Amra nuber assai.
Ich bin Maitreya

Leila Eleisa Ayach

Seelenverträge - Absprachen in Liebe

152 Seiten, A5, broschiert

ISBN 978-3-941363-24-3

Seelenverträge – was bedeutet das?
Jeder von uns hat sich vor seiner Inkarnation auf der Erde einen Seelenplan festgelegt, in dem jede Herausforderung festgeschrieben ist, die unsere geistige Entwicklung fördert und uns auf den Weg zum Erwachen führt. Die Geistige Welt weiß um unsere Ängste und Nöte, unsere Herausforderungen, aber auch um unsere Sehnsüchte, Ziele und Wünsche, und möchte uns helfen zu verstehen, warum wir bestimmte Erfahrungen in unserem Leben machen.
Letztendlich geht es darum, im Einklang mit der Schöpferkraft und dem höchsten göttlichen Plan des Lichts zu leben – und die Schöpferkraft voll und ganz im Leben wirken zu lassen.

Sabine Skala

Herzkommunikation

Wiedervernetzung der Herzen auf Erden

264 Seiten, A 5, broschiert

ISBN 978-3-941363-15-1

Die wichtigste Kommunikation in der Neuen Zeit ist die Verständigung über unsere Herzen.
Von verschiedenen Meistern und Lichtwesen aus der Lichtebene wurden nun neue Informationen rund um das Thema Herzensenergie durchgegeben. Zudem vermittelt die Geistige Welt weiteres Wissen zu den Bereichen: energetische Partnerschaft und Seelenvereinigung, Kreatives Bewusstsein, Seelengruppen, Wirkung der eigenen spirituellen Fähigkeiten, das Herznetz der Kinder, neue Berufe der Lichtarbeiter und die kleinen Lichtboten, unsere Tiere, damit wir neue Sichtweisen erlangen und auf diese Weise lernen, die kraftvolle Energie unseres Herzens zu leben und kreativ, aber auch achtsamer mit uns und der uns inne wohnenden Macht umzugehen.

Daivika

Wenn der Körper die Erde wärmt

Saint Germain, Sanat Kumara, Sananda ...

80 Seiten, A 5, broschiert

ISBN 978-3-941363-16-8

Dem Ruf von Saint Germain folgend, öffnete sich die Autorin 21 Durchsagen mit dazugehörigen Meditationen aus der Geistigen Welt (Sanat Kumara, Mutter Maria, Sananda, Kuthumi, El Morya, Lady Nada, Miranlaya u.v.m.), die unseren physischen Körper in die energetische Schwingung bringen, die dieser bis 2012 erreicht haben sollte, um die Energie des Aufstiegs aushalten und mit der Erde aufsteigen zu können.
Auf dem Weg dorthin, der in einem heiligen Augenblick in den Armen von Sananda im Fluss der Einheit endet, finden immer wieder göttliche Begegnungen statt, die uns Stück für Stück an den hieraus gewonnenen Erkenntnissen wachsen lassen.

Marianna Kehrwecker

Djwahl Khul - Nur ein Schleier trennt euch vom Licht

ca. 400 Seiten, A 5, gebunden, mit Leseband

ISBN 978-3-941363-23-6

„Das Zentrum Allen Seins, das da war, ist und immer sein wird, ist ewig und immerwährend. Es ist überall. Ihr nennt es den Ursprung des Lebens, die Schöpferkraft, die Quelle, das ICH BIN, Gott – es ist unfassbare Liebe und Licht.
Ihr aber seid Teil dieses Zentrums Allen Seins – und nichts kann euch letztlich davon trennen in ewiger Zeit. Der Ort eurer Verbindung aber ist euer Herz, eure liebende Wahrnehmung."
Der Meister Dwahl Khul spricht klar, liebevoll und aufbauend in eindrücklichen Bildern zu uns. Wenn du diese Worte in dich hineinlässt, diese Liebe erlaubst, berühren sie dich im Innersten und wecken Wandlungskraft, damit wir alle wieder Engel auf Erden werden. Auch du!

Marlies Winckler

Helios & St. Germain - Jenseits von 2012

136 Seiten, A 5, broschiert

ISBN 978-3-941363-22-9

Wie wird sich das Leben der Menschen und der anderen Erdenbewohner nach 2012 entwickeln? Wie wird sich das Sein in der neuen Dimension auf unser Bewusstsein auswirken? Wie wird sich unsere Gesellschaft mit all ihren Systemen verändern?
Wir haben den Plan für die Neue Erde bereits vor langer Zeit erstellt. Saint Germain und Helios helfen uns, dieses Wissen und Bewusstsein jetzt auf die Erde zu bringen und in unser Denken und Handeln zu integrieren, damit uns der Weg gelingt, wobei es eines immer deutlicher wird: Unser Denken bewegt sich in allen Aspekten weg vom ICH und hin zum WIR. Auch hier dürfen wir wieder erfahren, wie hilfreich diese Durchsagen aus der Geistigen Welt für unseren Weg sind, wenn wir bereit sind, uns dafür zu öffnen.

Andrea Kraus

Toröffnung in die Fünfte Dimension

Energieausgleich durch Metatron, Saint Germain, Kuthumi...

272 Seiten, A5, gebunden, mit Leseband

ISBN 978-3-941363-18-2

Immer spannender werden die Herausforderungen in der Phase des Übergangs in ein neues Zeitalter, das wir spätestens am 21.12.2012 erreicht haben. Kein Wunder also, dass viele Menschen aufgrund dieser Umwälzungsprozesse ins Bodenlose stürzen. Und ihre Fragen werden immer dringlicher:
Und da ist sie – die Hilfe aus der Geistigen Welt: Die Aufgestiegenen Meister, weise Priester und Erzengel stehen uns zur Seite und führen uns durch die Dschungellandschaften des Chaos und der Zusammenbrüche. Ganz konkret nennen sie uns Möglichkeiten und Techniken, mit denen wir uns selbst helfen können, unsere Gefühle zu heilen, um schließlich Schritt für Schritt in ein erfülltes Dasein zu gelangen.

Paulette M. Reymond
Wiedergeburt der Erde
Botschaften von Sirius A
128 Seiten, A5, broschiert
ISBN 978-3-941363-19-9

Die Erde und ihre Menschen sind dabei, einen Dimensionswechsel zu vollziehen – mit einer bisher einmaligen Tragweite. Den Wesen von Sirius A ist es daher ein Anliegen, der Menschheit in dieser wichtigen Übergangszeit zu helfen, denn sie und wir sind gleichberechtigte Raumgeschwister.
In großer Liebe, aber dennoch klar und offen, bereiten die Sirianer die Menschheit auf die Erschütterungen unserer Mutter Erde, Gaia, vor, die vor dem Dimensionswechsel noch geschehen müssen, damit auch der letzte Mensch wachgerüttelt wird und diese bemerkenswerte Zeit nicht verschläft.

Eva-Maria Ammon
Weisheiten und Affirmationen aus Metatron - Ancient-Master-Healing
Kartenset mit 65 Karten und Begleitbuch
ISBN 978-3-941363-14-4

Dieses Kartenset ist ein Geschenk der Geistigen Welt an uns und eine wundervolle Ergänzung zu dem Erfolgstitel von Eva-Maria Ammon, Metatron – Ancient-Master-Healing, Selbstermächtigung durch Selbsteinweihung.
Die liebevolle und dennoch kraftvolle Energie der Aufgestiegenen Meister und Meisterinnen – u.a. Metatron, Miranlaya, Sananda und Lady Nada – hilft uns, die in der Selbsteinweihung erlangten Entwicklungsschritte zu festigen und den Kontakt zur Quelle allen Seins auch im Alltag zu nutzen und zu intensivieren.

Kerstin Simoné
Thoth – Urton-Frequenz der Seele
2 CDs, Lauflänge ca. 140 Minuten
ISBN 978-3-941363-26-7

Thoth übermittelt uns mit zwei intensiven Frequenzmeditationen eine vollkommen neue und einzigartige Methode der bewussten Schwingungswahrnehmung und Veränderung innerhalb unseres Soseins. Erfahren sie gleichsam auch die uns innewohnenden Werkzeuge in ihrer vollkommenen Anwendbarkeit, und werden sie somit zum wahrhaftigen Meister der Materie.
Da die Zeit drängt und es viele Neuerungen gibt, bedarf es in der Kürze der Neuausrichtung und deutlichen Erhöhung der körpereigenen Schwingungsfrequenz sowie der dringenden Anpassung an die stark erhöhte Grundfrequenz unseres Heimatplaneten, was uns mit der einzigartigen „Frequenzatmung“ durch Thoth übermittelt wird.